매일 읽는 한 줄
마음챙김
365

하루를 지켜주는
지혜의 루틴

임성훈 지음

다른
상상

매일 하루 한 줄로,
흔들리는 마음을 다잡고 삶에 깊이를 더하다

따뜻한 봄날, 모처럼 즐거운 마음으로 교외로 가는 차 안. 부부 사이에 사소한 언쟁이 일어난다. 처음에는 별것 아니었던 말다툼이 점점 커진다. 과거에 서운했던 일을 소환하고, 서로 생채기 내는 말이 오가면서 감정이 격해진다. 결국 차를 돌린다. 아이들은 어쩔 줄 몰라 입을 다물고 있지만 눈에는 눈물이 그렁그렁하다. 기대했던 행복한 주말 나들이가 엉망이 되어버린다.

K씨는 몇 년 전 투자에 실패해 크게 손해를 봤다. 그때 진 빚을 갚느라 다른 투자는커녕 현재 수준의 생활을 유지하는 것도 힘에 부친다. 함께 직장생활을 시작한 다른 동료들은 재테크에 성공해

벌써 저만치 앞서가고 있는데, 혼자만 뒤처진 기분이다. 마음을 달래기 위해 명상도 하고, 심리 상담도 받고 있지만, 현실적인 문제가 당장 해결되지는 않는다. 다음 달에 막아야 할 빚을 생각하면서 잠을 뒤척인다.

J씨는 몇 년째 자기계발에 열을 올리고 있다. 자기계발서를 읽으면 당장이라도 성공할 것만 같다. 하지만 하루 자고 나면 그뿐이다. 이것저것 남들이 성공한 방법을 따라 해보고, 유명한 멘토가 운영하는 고가의 강의를 들어보지만, 크게 바뀌는 것 같다는 느낌이 들지 않는다. 그럴수록 다시 새로운 멘토를 찾아다닌다. 경제적으로 부유해지고 싶지만, 생각만 앞설 뿐 자기계발에 쓰는 비용만 늘어간다.

많은 사람이 성공과 행복을 바란다. 하지만 모든 사람이 성공하거나 행복을 얻는 것은 아니다. 왜냐하면 성공과 행복에 이르는 방법을 정확히 알지 못하거나 그 방법을 안다고 해도 꾸준하게 실천하지 못하기 때문이다. 성공과 행복의 열쇠는 바로 '마음'이다. 어떤 마음으로 세상을 바라보는지에 따라 각자의 삶에 차이가 생긴다. 앞의 사례를 조금 더 깊이 들여다보자.

첫 번째 사례에서 부부 간의 작은 말다툼이 커진 이유는 과거를 들추어냈기 때문이다. 과거의 경험은 가슴에 담아두지 말고 흘려보내야 한다. 과거의 사건에서 느꼈던 부정적인 감정을 붙잡고 있는 것은 누구에게도 도움이 되지 않는다. 경험은 무엇인가를 배우기 위함이다. 경험에서 비롯된 부정적인 감정이 있다면 잘 알아채고 끌어안은 뒤 흘려보내야 한다. 그리고 말투도 중요하다. 가까운 사이일수록 예의를 지키고 상냥하게 말해야 한다. 친한 사이나 가족 간에 말투 때문에 싸움이 시작되는 경우가 있다. 그렇게 꼬리에 꼬리를 물고 서로 공격하다가 후회할 말과 행동을 한다.

두 번째 사례에서 K씨는 과거에 대한 후회뿐 아니라 미래에 대한 걱정으로 불안한 상태다. 우리는 온전히 현재를 살아야 행복을 누릴 수 있다. 과거는 이미 지나가 되돌릴 수 없다. 과거는 후회의 대상이 아니라 경험과 배움의 대상이다. 미래는 미지의 세계다. 미래는 밀가루 반죽과 같다. 지금 내가 어떤 생각을 하고, 어떤 행동을 하는지에 따라 달라진다. 미래는 걱정의 대상이 아니라 준비해야 할 무엇이다.

마지막 사례에서 J씨는 꼭두각시처럼 남을 따라 하고 있다. 누군가의 성공담은 나의 이야기가 아니다. 방법만 따라 한다고, 멘토 쇼핑한다고 내 것이 되지는 않는다. 중요한 것은 내면과의 대화다. 먼저 자신이 정말 원하는 것이 무엇인지, 무엇을 잘할 수 있는지, 어떤 일에서 보람을 느끼는지 잘 알아야 한다. 방법론을 좇는 것보다 자기 자신을 이해하는 것이 더 중요하다.

이 책에서는 관계, 자유로운 정신, 불안과 두려움, 자신감, 생각과 의식, 꿈과 희망, 허용과 내맡김, 신념과 의지, 도전과 열정, 긍정의 힘, 분노와 좌절, 의욕과 용기 등 행복과 성공을 위해 우리가 가져야 할 마음 자세에 대해 다루었다. 고전의 저자들뿐 아니라 자기 분야에서 성공한 이들이 전하는 촌철살인의 명언을 읽으며 마음을 다잡을 수 있다.

　다른 사람의 말은 어디까지나 '참고사항'일 뿐이다. 나에게 적용할 수 있는 것도 있고, 그렇지 않은 것도 있다. 누가 무슨 말을 했든 그것을 무비판적으로 수용하지 말고, 자신에게 도움이 되는 말을 각자가 잘 건져 올리길 바란다.

임성훈

| 차례 |

2부 ✦

1부

1장
오늘을 지켜주는 마음가짐

나는
어떤 사람인가

우리의 감정은 하루에도 몇 번씩 롤러코스터를 탄다. 누군가의 칭찬 한마디에 하늘 높이 올라가기도 하고, 핀잔 한마디에 바닥을 뚫고 지하로 내려가기도 한다. 지나치게 자만하거나 낙담하는 것은 자신에 대한 평가권을 타인에게 양도해서다. 그러면 남들의 평가에 놀아나게 된다. 자신에 대해 잘 이해하고 내가 어떤 사람인지 정의할 수 있으면, 스스로에게 교만할 수 없고 낙담하지도 않는다. 자신에 대한 평가권을 남에게 넘기지 말자. 타인의 평가에 흔들리면서 에너지를 낭비하지 말자.

지나친 자부심이나 의기소침은 자기 자신에 대한 극단적인 무지다.

스피노자

나 자신에게
집중하는 태도

꼭두각시는 손과 발이 묶여 남의 의도대로 조종당하는 인형이다. '영혼이 없는' 상태다. 다른 누군가의 인정을 받기 위해 행동한다면 꼭두각시와 다를 바 없다. 사람은 모두 불완전하다. 불완전한 다른 사람의 취향을 맞추려고 하다 보면 나 자신을 잃게 된다. 자신에 대한 통제권을 다른 사람에게 넘기는 상황은 반드시 피해야 한다. 나 자신의 삶을 살기 위해서는 내면에 집중해야 한다. 그래야 스스로 생각하고 결정할 수 있다.

다른 누군가의 마음에 들기 위해 외부에 눈을 돌리지 마라.
당신이 세운 삶의 계획을 스스로 부숴버릴 수도 있다.
|
에픽테토스

순간에
온 마음을 다하는 것

몸이 처지고 기운이 없을 때, 무기력함이 밀려와 아무것도 하기 싫을 때가 있다. 그럴 때는 일부러라도 앞으로 나서자. 강의실에서 가장 앞에 앉아보고, 축구 경기를 보며 큰 목소리로 응원해보고, 연락이 뜸했던 친구들에게 연락해보고, 사랑하는 사람들에게 마음을 표현해보자. 지금 이 순간 경험하는 모든 것은 한 번 지나가면 다시 오지 않는다. 마치 흘러가는 강물처럼 돌이킬 수 없다. 이 순간을 온 마음으로 다해 즐기고 몰입해보자. 그 속에서 열정과 에너지가 솟아난다.

어디를 가든지 마음을 다해 가라.

공자

성장은
결핍에서 시작합니다

결핍감은 '있어야 할 것이 빠지거나 모자라다 여기는 느낌'이다. 있어야 할 것이 없으면 불안하다. 하지만 이 불안함 자체가 나쁜 것은 아니다. 인간은 결핍을 해소하기 위해 노력하고 자신의 능력을 계발하는 존재이기 때문이다. 다만 부족한 것을 채우는 것에 지나치게 집착해 열등감이 되지 않도록 주의해야 한다. 열등감에 빠지면 자신을 가치 없다고 여기거나 부정할 수도 있기 때문이다.

수많은 재능과 능력은 결핍감에 뿌리를 두고 있다.

알프레드 아들러

어떤 생각습관을
갖고 있는지가 중요합니다

아무도 가지 않은 길에 사람들이 다니면서 발자국을 남기면 그것이 점점 굳어져 길이 된다. 생각하는 방식도 마찬가지다. 생각이 흘러가는 길이 있다. 우리의 익숙한 사고방식이 쌓이고 쌓여 생각의 패턴을 만든다. 그것이 고정관념이 되어 내 삶을 지배한다.

사람들은 습관 들이기 나름이다.
|
윌리엄 셰익스피어

노력하는 삶이
빛납니다

성공한 삶의 정의는 저마다 다르다. 권력이나 재산으로 성공을 측정한다면 폭력과 기만으로 한 나라를 다스리는 독재자들이 가장 성공한 사람일 것이다. 성공은 자기 삶의 목적을 찾았는지, 목적 달성을 위해 진심을 다해 노력했는지의 여부에 달려 있다. 사실 자신의 소명을 수행하기 위해 노력하는 삶 그 자체가 목표다. 자신의 별을 찾아 주저하지 말고 따라가자.

그대가 자신의 별을 따라가는 한,
영광스러운 항구에 실패 없이 도달할 수 있으리라.
|
단테 알리기에리

두려움의 정체

같은 일을 겪어도 어떤 이는 좌절에 빠지고 다른 누군가는 희망을 발견한다. 현실에서 벌어지는 사건 자체는 어떤 감정도 없다. 그것에 대한 우리의 평가나 믿음이 감정을 만들어내는 것이다. 사건에 대한 믿음은 자신의 선택이다. 비 오는 날 아침에 '미세먼지가 덜하겠네' 하고 긍정할 것인가, '비 와서 옷 젖겠네' 하면서 불평할 것인가. 벌어지는 일에 대한 믿음을 두려움이 아닌 긍정으로 대체해보자. 삶이 훨씬 더 여유로워질 것이다.

우리를 불안하게 하는 것은 일 자체가 아니라 그 일에 대한 믿음이다.
우리가 가지는 믿음, 그것만이 두려움의 정체다.

에픽테토스

나 자신과
화해해야 합니다

아무도 자신을 상대해주지 않더라도 외롭지 않을 수 있다. 왜냐하면 언제나 내 곁에는 나 자신이 있기 때문이다. 하지만 자신이 낯설게 느껴질 때, 자신이 불편해질 때, 자신과 화해하지 못할 때는 지독한 외로움을 느낄 수 있다. 내면의 외침을 못 들은 체할 때, 자아가 원하는 대로 살아가고 있지 않을 때 나 자신과 불편해진다. 최악의 외로움을 겪지 않으려면 나 자신과 화해해야 한다.

최악의 외로움은 당신이 자신을 편하게 느끼지 못하는 것이다.
|
마크 트웨인

마음이 편안해지는
관계의 요령

다른 사람과의 관계 속에서 우리는 기쁨과 행복감도 느끼지만 때로는 슬픔과 분개함도 느낀다. 기쁨과 행복감을 느낄 때는 자신이 이해받았다고 여겨질 때다. 슬픔과 분개함을 느낄 때는 자신이 이해받지 못했다고 여겨질 때다. 상대에게 실망하고 배신감을 느끼는 것은 모두 서로에 대한 몰이해에서 비롯된다. 상대를 그대로 받아들이면 관계에서 오는 고통은 사라진다. '도무지 이해할 수가 없어'라고 생각하지 말고 '그럴 수도 있지'라고 생각하면 마음이 편안해진다.

눈물 흘리지 말라, 분개하지 말라, 이해하라.

스피노자

혼돈 속에서
스스로 정답을 찾아가는 것이 인생

카오스는 '혼돈' 혹은 '만물의 가능성을 품은 캄캄한 텅 빈 공간'을 의미한다. 자신이 원하는 현실을 만들려면 혼돈의 시간을 거쳐야 한다. 삶은 'X+Y=Z'와 같은 함수가 아니다. X와 Y를 투입한다고 해서 꼭 Z 라는 결과가 나오는 것이 아니다. 그보다는 혼돈 속에서 스스로 함수를 만들어가는 것이 인생이다. 원하는 삶을 살아가려면, 나만의 춤추는 별을 낳으려면 캄캄한 혼돈을 기꺼이 품어야 한다.

춤추는 별을 낳으려면 그대의 영혼에 혼돈을 품어야 한다.

프리드리히 니체

성공을
목표로 하지 않습니다

성공 자체는 목표가 아니다. 삶의 의미를 추구하는 과정에서 자연스럽게 뒤따라오는 것이 성공이다. 지금 충분히 성공했다는 느낌이 들지 않는다면 지금의 나보다 더 큰 '그 무엇'을 찾는 것이 먼저다. 내면의 목소리에 귀 기울이고 나만의 별을 따라가다 보면 어느새 성공이 뒤따르게 된다.

성공을 목표로 하지 마라. 성공은 자신보다 위대한 여정에 헌신하면서
의도치 않게 얻는 부작용으로 뒤따라야만 한다.

빅터 프랭클

관찰자의 시선으로 바라보면
얻을 수 있는 것

삶을 한 편의 영화라고 생각해보자. 영화 속에는 주인공도 있고 조연과 단역도 있다. 편한 등받이 의자에 기대어 영화를 보는 관람객처럼 관찰자의 시선으로 삶을 바라보자. 영화 속에서 수많은 일이 일어나지만 그렇게 심각하게 생각할 필요는 없다. 관찰자이기 때문에 옆집의 잔이 깨졌을 때 평정을 유지할 수 있다. 나의 삶도 관찰자의 시선으로 바라보자. 그것이 평온함을 유지하는 길이다.

옆집의 잔이 깨졌을 때, 우리 대부분은
'흔히 일어날 수 있는 일이지'라고 주저 없이 말할 것이다.
그러니 그대의 잔이 깨졌을 때도 같은 태도를 보여야 함을 깨달아라.

|

에픽테토스

꿈꾸는 것 자체가
살아가는 동력입니다

꿈과 희망은 인간 삶의 기본 조건이다. 인간에게는 단순히 먹고사는 것이 '사는 것'을 의미하지 않는다. 꿈과 희망이 없다면 인생은 쓴맛이다. 꿈을 꾸는 것 자체가 살아가는 동력이 된다. 꿈을 잃어버린 사람은 눈에 초점이 없다.

인간은 성장하는 동물이다.
배고픔과 갈증을 채우는 것에 만족하지 않고,
꿈을 꾸는 것이 인간이다.

|

에이브러햄 매슬로

삶은
온전히 나의 책임입니다

불행한 일이든 행복한 일이든 일어날 일은 일어난다. 자신의 불행을 남 탓으로 돌리는 사람은 인생의 하수다. 삶의 책임은 온전히 자신에게 있다. 그렇다고 불행한 일이 일어난 것 때문에 자신을 비난할 필요는 없다. 자신을 비난하는 것은 중수다. 책임진다는 것은 비난하는 것이 아니라 허용하고 받아들이는 것이다. 그 누구도 비난하지 않고 삶의 현실을 그대로 받아들이는 사람이 인생의 고수다.

자신의 불행에 다른 이를 비난하고 원망하는 것은
교육받지 못한 사람의 행동이다.
누구도 비난하지 않는 것은 교육받은 사람의 행동이다.
|
에픽테토스

고난 속에서
발견할 수 있는 것들

모든 경험에는 목적이 있다. 그것은 감정의 체험일 수도 있고, 영적인 성장일 수도 있다. 고난에도 목적이 있다. 그런 가혹한 경험을 하지 않으면 깨닫지 못할 그 무언가가 있기 때문에 내 삶에 일어나는 것이다. 고난의 끝은 성장과 성숙이다. 고난은 그 목적을 달성하면 끝나기 마련이다. 고난은 우리를 더 단단하게 만들어주고, 더 큰 행복을 담을 수 있는 마음 그릇을 키워준다.

마음을 고난의 상태로 두지 말고 그 끝을 생각하라.

단테 알리기에리

자기 연민은
나를 병들게 합니다

과거에 대한 후회도 나쁘지만, 과거의 영광을 곱씹으며 현재를 부정하는 것은 더 나쁘다. 과거에 좋았던 시절과 현재 자신의 처지를 비교하면서 자기 연민에 빠지지 말자. 단테는『신곡』지옥편에서 연인이었던 두 사람이 지옥에서 과거를 회상하며 괴로워하는 장면을 묘사한다. 그들은 부적절한 사랑을 했다. 하지만 그것이 큰 죄이기 때문에 지옥에 떨어진 것이 아니라 과거의 행복과 현재의 불행을 비교하기 때문에 현실을 지옥으로 만들고 있는 것이다.

처참할 때 행복했던 시절을 회상하는 것보다 더 큰 고통은 없다.

|

단테 알리기에리

하루하루
그날의 좋은 것을 찾아봅니다

어린아이가 네잎 클로버를 찾기 위해 하루 종일 풀숲을 뒤지듯이, 그렇게 하루하루 그날의 좋은 것을 찾아보자. 긍정적인 생각은 습관이고 능력이다. 무엇이든 긍정적인 면을 찾아내고 그것에 기뻐하고 감사하는 능력은 훈련으로 키울 수 있다. 삶에는 좋은 일도, 나쁜 일도 일어난다. 어떤 것에 집중하느냐에 따라 행복을 선택할 수도, 불행을 선택할 수도 있다.

모든 날이 좋지 않을 수도 있다.
하루하루 무엇인가 좋은 것은 있다.

앨리스 모스 얼

화는
내 마음속에서 비롯하는 것입니다

분노는 외부에서 오는 것이 아니다. 충분히 화낼 만한 상황에서 분노하지 않는 사람이 있고, 아무도 화내지 않는 상황에서 혼자 분노에 휩싸이는 사람이 있다. 학생을 체벌하던 선생님이 점점 더 분노하면서 학생이 기절할 때까지 폭력을 쓰기도 하고, 아이를 혼내던 부모가 자기 분을 못 이겨 고함을 지르기도 한다. 외부의 어떤 상황이 분노를 일으키는 것이 아니라 마음속에 갖고 있는 어떤 생각 때문에 분노하는 것이다.

누군가 그대를 화나게 한다고 느낄 때,
마음속 생각이 그대를 노엽게 만든다는 사실을 기억해야 한다.
|
에픽테토스

두려움을 이겨내고
일단 해보는 것

감각이 마비된 사람이 뜨거운 숯불 위를 걷는다 하더라도 그를 대범하다고 하지 않을 것이다. 어차피 두려워할 것, 극복할 것도 없는 일을 했기 때문에 찬사를 보낼 만한 일이 아닌 것이다. 용기 있는 사람은 두려움이 마비된 사람이 아니다. 다른 사람과 똑같이 두려움을 느낌에도 그것을 이겨내고 해야 할 일을 하는 사람이다. 무엇을 얻을지, 무엇을 잃을지 계산한다면 용기를 낼 수 없다.

용기란 죽을 것처럼 두렵더라도 일단 한번 해보는 것이다.

|

존 웨인

불행을 외면하지 않는 것이
진짜 친구

많은 인간관계가 이익과 계약에 뿌리를 두고 있다. 하지만 친구는 어떤 이익을 얻는 사이가 아니다. 좋은 일이 일어나든 나쁜 일이 일어나든 그저 곁에 있어 주는 존재가 친구다. 유리함과 불리함을 따지지 않고 함께 삶의 경험을 공유하는 관계다. 좋은 일이 있을 때 거짓으로 축하하고 속으로 질투하며, 불행한 일이 생겼을 때 외면하는 건 가짜 친구다. 진짜 친구는 좋은 일이 있을 때보다 불행한 일을 당했을 때 분명히 가려진다. 가장 먼저 달려와 위로해주기 때문이다.

불행은 누가 진짜 친구가 아닌지 보여준다.

|

아리스토텔레스

나만의 길을
간다는 것

알바트로스라는 새의 날개 길이는 3m에 달한다. 이 커다란 날개로 한번 바람을 타면 5,000km까지 비행이 가능하다. 이 거리는 대륙간 탄도미사일의 사정거리와 비슷한 수준이다. 하지만 땅에 내려와 뒤뚱거리며 걸어 다닐 때는 큰 날개가 오히려 방해가 된다. 다른 육지 동물들이 보기에는 우스워 보일 수 있다. 높은 뜻을 가진 사람의 생각은 보통 사람들에게는 작아 보이거나 비웃음거리가 될 수도 있다.

❀

사람이 점점 더 높이 올라갈수록
날 수 없는 자들의 눈에는 작아 보인다.
|
프리드리히 니체

가꿔야 하는 것은
외면이 아니라 내면입니다

실제 그 사람이 어떤 사람인지 파악하기 위해 노력하기보다는 겉으로 드러난 모습으로 평가하는 경우가 많다. 자신에 대해서도 마찬가지다. 실제 자신이 어떤 사람인지 찬찬히 살펴보는 데 공들이지 않는다. 스스로 평가한 자신의 모습이 진짜라고 믿는데 이것은 착각이다. 자신의 껍데기를 과도하게 높이 평가하는 사람은 교만해진다. 스스로 과대평가하기 시작하면 그 사람의 가치는 점점 떨어지게 된다.

인간은 분수와 같다. 분모는 스스로 평가하는 자신이다.
분모가 클수록 분수는 작아진다.

|

레프 톨스토이

행복의 조건

멈춰 있지 않고 성장하고 싶은 욕망은 누구에게나 있다. 아리스토텔레스는 인간이 자신의 능력을 극대화해서 일적으로도 탁월함을 얻고, 도덕적으로도 탁월해지는 것이 행복의 조건이라고 말했다. 탁월함은 많은 지식이 있다고 해서, 타고난 재능이 있다고 해서 탁월해지는 것이 아니다. 잠재력을 깨우고, 그것을 잘 활용하도록 끊임없이 노력해야 얻을 수 있는 것이다.

탁월함은 아는 것만으로는 충분하지 않다.
탁월해지기 위해, 탁월함을 발휘하기 위해 노력해야만 한다.

|

아리스토텔레스

분수에 넘치는 욕심은
삶을 어지럽힙니다

당신은 삶이라는 잔치에 초대되었다. 집주인이 내 몫의 음식을 가져다주기 전에 다른 사람 앞에 있는 음식을 가져다 먹으려고 하면 예의가 아니다. 다 먹지도 못할 만큼 음식을 잔뜩 집어다가 자신의 접시에 놓는 것도 올바른 행동이 아니다. 손이 닿는 거리에 있는 음식을 적당히 먹을 만큼만 가져와 먹는 것이 적절한 행동이다. 삶이라는 축제에서 지나치게 욕심부리지 말자.

예의를 지키며 손을 뻗어 먹을 만큼의 몫만 가져오라.
|
에픽테토스

눈앞의 목표를 달성하는 것부터
시작해야 합니다

너무 크고 거창한 목표는 거리가 멀게 느껴진다. 높은 산의 정상까지는 여러 단계로 코스가 나누어져 있다. 당장 수천 미터 높이의 정상을 생각하면 어렴풋하지만, 잘게 자른 목표를 하나씩 눈앞에 그리면 목표가 명확해진다. 눈에 보여야 잊지 않는다. 눈에 보이는 중간 목표를 설정하여 하나씩 이루어 나아가다 보면 어느새 꿈에 가까워져 있을 것이다.

항상 가까운 미래의 실질적인 목표를 바라보라.

밀턴 에릭슨

작은 변화가 쌓이면
인생을 바꿉니다

어제와 전혀 변한 것이 없으면서 새로운 삶을 기대하는 것은 어리석은 일이다. 자신이 변해야 삶이 변한다. 현재의 상태를 그대로 받아들인다면 변화할 필요는 없다. 하지만 지금의 삶이 진정한 내 것이 아니라고 생각한다면, 아무리 작더라도 변화를 주어야 한다. 어떻게 변화할지 생각하는 것은 어렵지 않다. 어려운 것은 기존의 틀에서 벗어나는 것이다.

작은 변화가 일어날 때 진정한 삶을 살게 된다.

|

레프 톨스토이

환경은 한탄하는 것이 아니라
이용하는 것입니다

살면서 겪는 모든 상황은 통제할 수 없는 것이 대부분이다. 어릴 때 부모님을 일찍 여의었을 수도 있고, 가난한 집에서 태어날 수도 있고, 남들보다 건강하지 않거나 머리가 좋지 않을 수도 있으며, 호감 가지 않는 외모거나 선천적으로 희귀병이 있을 수도 있다. 어떻게 할 수 없는 삶의 조건을 원망하고 신세 한탄을 해봐야 바뀌는 것은 아무것도 없다. 우리가 할 수 있는 것은 자신이 처한 상황을 최대한 이용하는 것이다.

이상적인 인간은 삶의 사건들을 위엄과 품위를 잃지 않고 견뎌낸다.
긍정적인 태도로 그 상황을 최대한 이용한다.

|

아리스토텔레스

감정은
내가 아닙니다

인간이 깨달음의 과정에서 얻을 수 있는 궁극의 능력 중 하나는 자신을 객관화해서 바라보는 것이다. 자신의 육체 속에 갇혀 감정 속에서 허우적거리는 사람은 자신과 주변 상황을 분리해서 바라보지 못한다. 최악의 상황은 내가 아니다. 최악의 상황에 대한 절망적인 감정이 내가 될 수 없다. 진짜 '나'는 이 모든 것을 한 걸음 떨어져서 관찰하고 있는 존재다.

최악의 상황에서도 그것을 자신과 분리해서 볼 수 있는 능력은
오직 인간만이 가지고 있다.

|

빅터 프랭클

너무 많은 말은
실수를 부릅니다

말을 많이 하다 보면 실수나 오해를 범하기 쉽다. 한번 쓴 글을 읽고 또 읽으면서 잘못된 표현을 고치고, 뜻이 애매한 부분은 매끄럽게 수정할 수 있다. 작가들은 최초에 쓴 초고를 '쓰레기'라고까지 칭하면서 퇴고에 많은 시간을 들인다. 하지만 말은 수정이 불가능하다. 한번 뱉은 말은 주워담을 수 없다. 말하는 사람의 의도가 그것을 듣는 사람에게 정확히 전달되지 않는 경우도 많고, 이이없는 말실수도 많다.

말수가 적은 사람이 제일 좋은 사람이다.

|

윌리엄 셰익스피어

경청이
대화의 기본입니다

두 사람이 대화할 때 한 사람의 말에 대한 상대의 대답이 이상한 경우가 많다. 상대의 말을 귀담아듣지 않고 각자 자기 하고 싶은 말만 하기 때문이다. 우리가 만나는 사람들 중 상대의 말을 귀담아듣는 사람, 마음속에 새기는 사람은 생각보다 많지 않다. 상대를 잘 파악하고 무슨 말을 어느 정도까지 할지 결정해야 한다. 귀담아듣지 않는 사람에게 속 깊은 이야기를 할 필요는 없다.

오직 잘 듣는 사람만이 상대의 말을 마음속에 새긴다.

|

단테 알리기에리

현실을 바꾸고 싶다면
생각을 바꿔야 하는 이유

잠깐 나쁜 생각을 했다고 해서 당장 그런 일이 일어나지는 않는다. 하지만 어떤 생각을 지속적으로 강력하게 하면 그것은 언제, 어떤 방식으로든 현실로 나타난다. 생각이 강력할수록 속도가 빨라진다. 그것이 나쁜 것이든 좋은 것이든 이 우주는 관심이 없다. 사람의 생각을 현실로 이루어지게 하는 역할을 묵묵히 수행할 뿐이다.

악을 생각하는 것은 그것을 만드는 것이다.

|

프리드리히 니체

2장

경험할수록 단단해지는 인생

경험한다면
후회하지 않습니다

자신이 연극배우라고 가정해보자. 100번의 연극무대 기회가 있다면 어떤 역할을 하고 싶은가? 아마 100번 모두 같은 배역을 하기보다 되도록 다양한 인물을 연기하고 싶을 것이다. 인생에서의 경험도 비슷하다. 반복되는 몇 가지 경험만 계속하기보다는 다양한 경험을 해보고 싶지 않은가? 어느 날 훌쩍 여행을 떠나고 싶다거나 못해본 일에 도전하고 싶다는 생각이 들 때 그것을 외면하지 말자. 이세상의 연극무대가 막을 내릴 때 후회하지 않도록 말이다.

나이가 들수록 자신이 해보지 않았던 것만
후회한다는 사실을 발견하게 될 것이다.
|
재커리 스코트

좌절의 순간이
인생의 변곡점입니다

좌절은 성숙할 수 있는 변곡점이다. 지금까지 생각하고 행동하던 방식으로는 도저히 해결할 수 없는 문제에 부딪혀 기운이 꺾이는 상황에서는 두 가지 선택지가 있다. 하나는 포기하는 것이다. 그러면 더 이상의 에너지 낭비나 위험은 없지만 성장도 없다. 또 하나는 다른 방식으로 다시 도전하는 것이다. 이때 방법만 바꿔서는 승산이 없다. 반드시 사고방식이나 관점을 바꿔야 한다. 좌절의 한 가운데서 일어서면 정신적으로 한 단계 성숙할 수 있다.

좌절의 한가운데서 얼마나 정신적으로 성숙한 사람이 되느냐가
원숙함을 재는 척도다.
|
사무엘 울만

시련은
나를 무너뜨리지 못합니다

온실 속 화초는 추위와 비바람에 노출되면 금세 시들어버린다. 하지만 혹독한 기후 변화를 온몸으로 겪어낸 잡초는 몇 번이고 짓밟혀도 살아남는다. 어떤 시련도 우리를 완전히 죽이지 못한다. 시련 앞에 쓰러지는 이유는 정말로 그것이 가혹해서가 아니라 우리가 시련 앞에 희망을 잃고 두려워하기 때문이다.

나를 파괴하지 못하는 것은 무엇이든 나를 더 강하게 만들 뿐이다.
|
프리드리히 니체

어른이 된다는 것

갓 태어난 아기는 어른들의 따뜻한 애정의 눈길을 독차지한다. 항상 곁에 돌봐줄 사람이 있다. 배고파 울면 바로 먹을 것이 입에 들어오고, 짜증나 울면 어른들이 와서 어르고 달래준다. 하지만 어른이 되면 주변 사람들의 태도가 변한다. 누군가에게 어리광을 부리며 안기고 싶지만, 누구 하나 품을 내어주지 않는다. 어른이 된다는 것은 혼자가 된다는 것이다. 하지만 동시에 어른은 누군가를 껴안아줄 수 있는 존재이기도 하다.

어른이 된다는 것은 곧 혼자가 된다는 것이다.
|
쟝 로스땅

좋은 생각이 더 좋은 생각을
끌어당깁니다

문득 어떤 생각이 떠오르는 것은 두뇌라는 안테나에 신호가 수신되는 것이다. 잠재의식에서는 우리에게 엄청난 양의 정보를 보내고 있다. 어떤 것을 주로 생각하고 있는지에 따라 안테나에 잡히는 생각이 달라진다. 삶을 바꿀 수 있는 좋은 생각을 꾸준하게 하지 않으면 알아채지 못하고 흘려버릴 가능성이 크다.

생각은 갑자기 떠오른다. 우리는 그 생각이 어디서 왔는지,
다시 쫓아버릴 수 있는지조차 알지 못한다.

지그문트 프로이트

어떤 어려움도
나의 의지를 꺾을 수는 없습니다

신체는 구속될 수 있지만, 의지는 구속되지 않는다. 의지만 있다면 어떤 어려움도 우리의 길을 막을 수 없다. 피아니스트 이희아는 선천적으로 한 손에 손가락이 2개밖에 없고, 다리도 짧다. 손가락에 힘이 없어 건반 소리를 내는 데 몇 달이 걸릴 정도로 피아노를 치기에는 불리한 신체조건이다. 하지만 그녀는 부단한 노력으로 피아니스트가 되었고, 많은 사람에게 희망을 주고 있다.

병은 육체를 방해할지언정 그대의 의지를 방해하지 못한다.
|
에픽테토스

사람은 열정이 사라졌을 때
노인이 됩니다

열정은 잠재된 힘을 이끌어내고 힘든 일조차 즐거운 놀이로 만들어준다. 열정으로 가득 찬 상태일 때 '이것이 진짜 삶이다'라는 생각이 든다. 노인이라도 열정이 가득하면 젊은이와 같고, 젊은이라도 열정이 없으면 노인과 같다. 마치 타버린 장작처럼 도무지 열정이 솟아나지 않을 때는 열정적이었던 순간을 떠올려보자. 새로운 영감이 떠오를 것이다.

열정 없는 것보다 죽음이 낫다.

|

커트 코베인

영원한 감정이란 없습니다

부정적인 감정은 실제보다 부풀려지는 경향이 있다. 어떤 일로 우울하거나 두려울 것이라는 '기대' 때문에 더 우울하고 두려울 수 있다. 다시 말해, 두려워서 두려운 게 아니라 두려울까봐 더 두려운 것이다. 기쁜 일도 실제로 겪어보면 생각보다 기쁨이 그리 오래 지속되지 않는다. 영원한 감정은 없다. 감정은 실체가 있는 것이 아니라 허상이기 때문이다.

우리의 관심사는 생각보다 빨리 변한다.
우울한 상황은 예상보다 덜 우울하고,
행복한 상황도 우리를 영원한 행복으로 이끌어주지 않는다.

대니얼 길버트

마음의 소리를
따라가는 것

'나보다 나이가 많은 사람에게는 먼저 인사하기' 같은 사소한 일까지 깊게 고민하고 완전히 동의한 뒤에 행동하기는 쉽지 않다. 하지만 자신의 삶에서 정말 중요한 일이나 도덕적인 판단이 필요한 일이라면, 이성을 바탕으로 판단하고 동의한 뒤에 행동해야 한다. 양심에 어긋나는 일을 하면 내면에서 불편한 소리가 들린다. 양심에 비추어 완전하게 동의할 수 없는 부당한 권위에는 비판 없이 복종하지 말고 저항해야 한다.

완전한 이성에 따라 자유롭게 동의하며 살아가는 사람만이 자유롭다.

스피노자

차이를 만드는 방법

긍정적으로 세상을 바라보는 사람은 다른 사람들이 보지 못하는 것을 보고, 기회를 발견한다. 모두가 불가능하다고 하는 것을 이루어내는 사람은 관점과 생각이 다르다. 미켈란젤로는 돌 속에 숨어 있는 형상을 보면서 불필요한 부분을 쪼아내는 방식으로 조각 작품을 만들었다. 남들과는 다른 방식으로 사물을 바라보고 생각하는 것이 차이를 만든다.

긍정적으로 생각하는 사람은 보이지 않는 것을 보고,
형체가 없는 것을 느끼며, 불가능한 것을 이루어낸다.

ㅣ

윈스턴 처칠

만용과 용기의 차이

이성에게 잘 보이려고 술자리에서 옆 테이블 사람들에게 시비를 걸거나 SNS에 멋진 사진을 올리기 위해 벼랑에 매달리는 행동을 두고 용기 있다고 하지는 않는다. 그것은 만용이다. 분별없이 함부로 날뛰면서 자신을 드러내려는 유치한 행동이다. 칼을 뽑을 만한 일인지 아닌지 신중하게 고려해야 한다. 아무 때나 칼을 뽑았다가는 크게 다칠 수 있다. 그리고 칼을 뽑을 결심이 섰다면 반드시 이겨야 한다.

용기의 대부분을 차지하는 것은 신중함이다.
|
윌리엄 셰익스피어

아무것도 하지 않는다면
무엇도 이룰 수 없습니다

단테는 『신곡』에서 지옥, 연옥, 천국의 여정을 그렸다. 그는 자신이 가장 존경하는 시인을 지옥과 연옥의 길잡이로 등장시켰는데 바로 베르길리우스다. 베르길리우스는 단테가 지치고 힘들어하면 때로는 부드럽게 이끌어주고, 때로는 강하게 채찍질한다. 드러누워서는 어떤 일도 할 수 없다. 사람은 자신의 소명을 찾아 적극적으로 움직일 때 발전할 수 있다. 명성은 자신에게 맞는 일을 잘해냈을 때 자연스럽게 뒤따르는 것이다.

양털 속이나 이불 밑에 드러누워서는 명성을 얻을 수 없다.

단테 알리기에리

나에게 맞는 성공 비결

다른 사람의 성공 비결은 참고사항이다. 남의 이야기 속에서 삶을 대하는 태도, 어려움을 이겨나가는 정신을 참고할 수는 있지만 그 방법을 똑같이 흉내 낸다고 성공이 보장되지는 않는다. 내 삶에 맞는 방식은 따로 있다. 환경이나 상황, 주변에서 도움을 줄 수 있는 사람 등 모든 조건이 다르기 때문이다.

한 사람에게 잘 맞는 신발이라도 다른 사람의 발을 아프게 할 수 있다.
모든 경우에 다 적용되는 삶의 비결이란 존재하지 않는다.

|

카를 융

스스로에게 질문해야 하는 것

소크라테스는 "검증되지 않은 삶은 살 가치가 없는 것이다"라고 했다. 때때로 우리 삶을 하나하나 검증해보지 않으면 자신이 옳은 길을 가고 있는지, 그렇지 않은지 헷갈릴 수 있다. 그럴 때는 '지금 내가 하는 일이 내 본성에 맞는가?', '남들이 다 하는 것을 따라만 하고 있는 것은 아닌가?' 하고 자신에게 질문을 던져봐야 한다.

질문하지 않는 사람들이 모여 있는 곳은 고여서 썩기 마련이다.

|

에릭 호퍼

삶은 모험의 연속입니다

변화를 두려워한다면 삶이 두려울 수밖에 없다. 왜냐하면 삶은 변화와 모험의 연속이기 때문이다. 모험을 하지 않으면 앞으로 나아갈 수 없다. 자전거를 타려면 수십 번씩 넘어지는 두려움을 이겨내야 한다. 스스로 균형을 잡고 페달을 돌릴 수 있을 때까지 무릎이 깨질지도 모르는 위험을 감수하고 모험을 해야 한다. 인간은 죽을 때까지 새로운 변화를 맞이하면서 조금씩 나아지는 존재다.

인생은 모험을 통해서만 나아질 수 있다.

|

고든 올포트

인생의 의미는
저절로 주어지는 것이 아닙니다

우리는 종종 왜 사는지 모르겠다며 한숨을 쉰다. 그런데 누군가가 '너는 꼭 이런 일을 해야 한다', '이것이 네 인생의 의미다'라고 가르쳐준다면 그대로 살 것인가? 자신의 삶의 의미는 스스로 찾는 것이지, 누가 손에 쥐어주는 것이 아니다. 답은 스스로 찾아야 한다. 그 누구도 답을 줄 수 없다. 다른 사람이 답을 준다 하더라도 스스로 납득할 수 없을 것이다.

일반적으로 주어지는 '인생의 의미'라는 건 없다.
'인생의 의미'는 스스로 자신에게 부여하는 것이다.

알프레드 아들러

내가 하는 일을
정확히 알아야 위험을 피할 수 있습니다

새로운 일에 도전하고, 열정적으로 해나가는 것은 좋다. 하지만 자신이 무엇을 하고 있는지 정확히 알아야 한다. 그렇지 않으면 많은 위험이 뒤따른다. 지인의 말만 믿고 무리하게 대출까지 해서 주식에 투자하는 일, 정확한 분석 없이 잘 알지 못하는 분야의 사업에 손을 대는 일, 상사가 마음에 들지 않는다며 즉흥적으로 이직을 결정하는 일 등을 조심해야 한다. 전략적인 큰 그림을 그리고 자신이 어디에 있는지 명확하게 인식하면 위험은 줄어든다.

위험은 당신이 무엇을 하는지 모르는 데서 온다.

워런 버핏

칭찬도 현명하게 받아들여야 합니다

칭찬은 양날의 검이다. 칭찬을 받으면 자신감이 높아질 수도 있지만 교만해질 수도 있다. 현명한 부모는 다른 사람들이 자신의 아이를 지나치게 칭찬하는 것을 경계한다. 칭찬은 실체가 없다. 칭찬과 당신의 진짜 모습은 전혀 관계가 없다. 당신을 잘 모르는 누군가가 하는 칭찬은 겉치레로 읊어대는 공허한 말일 수도 있다.

사람은 비판에서는 자신을 방어할 수 있지만
칭찬에는 무력하다.

|

지그문트 프로이트

관계에도
용기가 필요합니다

만남은 자극이다. 자극을 받으면 변화가 일어난다. 물질이 화학적인 변화를 통해 이전과는 다른 새로운 것으로 재탄생하듯이, 의미 있는 만남은 나 자신을 변화시킨다. 변화를 두려워하면 관계 자체를 회피하거나 무의미한 만남을 반복할 수밖에 없다. 만남을 통한 변화를 기꺼이 받아들일 수 있을 때 건강하고 성숙한 관계가 시작된다.

두 인격의 만남은 두 가지 화학물질의 접촉과 같다.
어떤 반응이 일어나면 양쪽 모두 바뀐다.

|

카를 융

우연에 대처하는 자세

모든 사건을 인과율로 설명하기는 쉽지 않다. 일이 일어난 이유를 아무리 열심히 따져보아도 도저히 설명할 수 없는 사건이 많다. 숫자 하나를 넣으면 일정한 답이 나오는 일차함수처럼 단순한 사건은 거의 없다. 어쩌면 너무나 복잡한 인과율 때문에 우리의 인식으로는 설명할 수 없는 것인지도 모른다. 우리는 그것을 '우연'이라고 한다.

세상의 많은 사건은 우연히 일어난다.
우연한 사건에 대한 인과론적인 설명은 필연적으로 틀릴 수밖에 없다.
|
대니얼 카너먼

희망을 잃지 않는 삶

살아 있다면 희망은 있다. 캐나다 출신 운동선수인 테리 폭스는 1980년 골육종 때문에 수술로 절단한 오른쪽 다리에 의족을 달고 암 연구 기금을 모으기 위한 자선 마라톤을 진행했다. 안타깝게도 그는 암 전이로 몇 개월 뒤 세상을 떠났지만, 그가 시작한 '테리 폭스 달리기'는 전 세계인들이 참여하는 자선 운동으로 남아 있다.

삶이 있는 한 희망은 있다.
|
마르쿠스 툴리우스 키케로

좋은 추억은
그대로 간직합니다

좋았던 기억은 그대로 좋은 추억으로 남겨두자. 그것을 떠올리면서 굳이 후회할 필요는 없다. 과거를 후회하는 것은 버려야 할 정신적인 습관이다. 특히 좋은 추억을 다른 관점으로 해석해 후회하는 것은 자신에게 아무런 도움이 되지 않는다. 한때 기쁨을 주었던 기억을 불쾌하고 슬픈 것으로 해석하지 말자.

한때 자신을 미소 짓게 만들었던 것을 절대 후회하지 마라.

엠버 데커스

마음이 어두울 땐
사랑하는 사람의 이름을 부릅니다

사랑하는 사람은 나에게 살아갈 힘을 준다. 우리는 사랑하는 사람의 이름을 부르면서 위안을 얻을 수 있다. 그 사람의 이름을 부르는 것만으로도 눈빛, 목소리, 미소가 떠오르고 눈앞에 닥친 어려움을 헤쳐나갈 힘이 솟아난다. 사랑하는 사람과의 건강한 관계는 다른 어떤 것보다 깊은 만족감을 준다. 마음이 어두워질수록 사랑하는 사람을 생각하며 이름을 불러라.

당신이 사랑하는 사람의 이름을 불러보라.
생각지도 못한 힘이 솟아날 것이다.

ㅣ

빅터 프랭클

사랑을 실천하면
마음이 풍족합니다

가장 힘든 가난은 마음의 가난이다. 마음이 사랑으로 가득하면 부유해지지만, 사랑이 부족하면 가난해진다. 마음의 본성은 사랑을 원하기 때문이다. 사랑은 주고받는 것이다. 우리가 살아가면서 해야 할 가장 중요한 일은 어떤 방식으로든 사랑을 실천하는 것이다. 사랑의 실천으로 나 자신은 풍요로워지고, 그 사랑을 받는 상대 또한 풍요로워진다.

가장 끔찍한 가난은 외로움과 사랑받지 못한다는 느낌이다.

|

마더 테레사

긍정은 좋은 일들의
연결고리입니다

사건이나 다른 사람을 대할 때 긍정적인 태도를 취하면 좋은 일이 잇달아 일어난다. 어떤 사건에서도 무엇이든 긍정적인 면을 발견하는 사람은 성장의 가능성이 무궁무진하다. 긍정적인 태도의 사람은 다른 사람들에게 호감을 준다. 긍정적인 사람은 몇 분만 이야기해도 상대에게 좋은 인상을 준다. 좋은 기회가 열리지 않을 이유가 없다.

긍정적인 태도는 긍정적 생각, 사건, 결과의 연쇄 반응을 일으킨다.
그것은 촉매제이고 놀라운 결과를 이끌어낸다.

|

웨이드 보그스

3장

매일을 마주하고 나아가는 자세

매일 아침
행복하기로 마음먹는 것

감정은 어떤 원인에 따른 결과로 자연적으로 발생하는 것이 아니다. 감정은 우리의 선택이다. 우리가 받아들인 고정관념의 결과가 바로 감정이다. 매일 아침 행복하기로 마음먹고 행복을 선택하자.

당신이 슬픔을 원하면 세상 누구도 당신을 행복하게 할 수 없다.
당신이 행복하기로 마음먹는다면,
지구상의 어느 누구도, 어떤 것도 당신에게서 행복을 앗아갈 수 없다.

파라마한사 요가난다

멈춰 있는 것은
인생이 아닙니다

삶의 모든 것을 경험할 필요는 없지만, 가치 있고 의미 있는 경험은 지속되어야 한다. 삶의 경험을 위해 필요한 것은 움직임이다. 때때로 멈춤의 시간도 필요하겠지만, 행동이 근본이다. 자전거를 탈 때 넘어지지 않기 위해서는 끊임없이 페달을 돌리는 행동과 핸들의 방향이 중요하다. 핸들을 이리저리 돌리면 아무리 페달을 밟아도 균형을 잡을 수 없다.

인생은 자전거를 타는 것과 같다.
균형을 유지하려면 계속 움직여야 한다.

|

알베르트 아인슈타인

두려움은 그대로 바라보고
흘려보냅니다

불안함과 두려움은 생존을 위해 없어서는 안 되는 감정이다. 자연 상태에서 위협을 느낄 때 바로 반응하지 않으면 생명이 위험할 수도 있다. 인간의 뇌는 생존을 위협하는 상황에 두려움으로 반응하도록 설계되어 있다. 두렵다면 어떤 위협이 원인인지 파악해보자. 두려움을 있는 그대로 바라보고 흘려보내자. 그 속에 빠져 허우적거리지 않도록 주의해야 한다.

사람의 두뇌는 위협에 우선권을 주도록 설계되어 있다.

|

대니얼 카너먼

자신의 삶은
자신만이 만들 수 있습니다

다른 사람의 삶은 내 것이 아니다. 남이 쉽게 가는 길이 나에게는 가시밭길일 수 있다. 내 삶은 내 방식대로 풀어나가야 한다. 다른 사람의 이야기는 배터리가 방전되었을 때 충전하는 정도로만 활용하면 된다. 굳이 그들 삶의 시시콜콜한 이야기를 내가 따라갈 필요는 없 다. 자신만의 방향을 잡아 자신만의 길을 스스로 만드는 것이 삶을 현명하게 살아가는 방법이다.

가장 현명한 사람들은 그들 자신만의 방향을 따른다.

|

에우리피데스

약점을 특성으로 받아들이는 것

약점 없는 사람은 없다. 약점은 숨기고 외면해야 할 것이 아니라 각자의 특성으로 받아들여야 한다. 자신의 약점을 인정하고 사람들에게 드러낼 때 많은 사람의 공감을 얻을 수 있다. 약점은 상황에 따라 강점이 될 수도 있다. 약점이라는 꼬리표를 붙이지 말고 개성이나 성향이라고 여겨보자. 약점을 인정하는 사람은 당당하고 아름답다.

건강한 사람은 누구나 약점이 있다는 것을 인정하고
자신의 약점과 나약함도 자연스러운 것으로 받아들인다.

|

고든 올포트

도전은
더 성장한 나를 만나는 통로

살다 보면 '이거 정말 외통수구나' 하는 상황을 만날 수 있다. 경제적으로, 신체적으로, 정신적으로 힘든 상황. 또 인간관계나 업무에서 도저히 뒤로 물러설 수 없는 상황을 마주치는 것이다. 길을 걷다가 물웅덩이를 만나면 그것을 뛰어넘어 앞으로 가야 하듯, 도전을 만나면 피하지 말고 받아들이자. 그것을 뛰어넘은 후에는 더 성장한 자신을 만날 수 있다.

도전을 받아들여라.
그러면 승리의 쾌감을 맛볼 수 있을 것이다.

조지 S. 패튼

해내야만 하는 이유가
증폭제가 됩니다

우리가 어떤 일을 해내지 못하는 것은 그 일을 끝까지 해낼 만큼 강력한 이유가 없기 때문이다. 이유가 있으면 어떻게 해서든 방법을 찾아낸다. 자원이 부족하면 그것을 확보하기 위해 뛰어다닐 것이고, 시간이 없다면 하던 일을 그만두고서라도 시간을 만들어낼 것이다. 어떤 일을 해야만 하는 이유가 '인류의 발전', '세계 평화'처럼 거창하지 않아도 좋다. 오히려 '그것을 해내지 못하면 아이 얼굴 보기 부끄럽다'처럼 피부에 와닿는 이유가 더 좋을 수 있다.

강력한 이유는 강력한 행동을 낳는다.

윌리엄 셰익스피어

모든 일이 바라는 대로
이루어지는 것에 대해

어떤 일은 우리가 강렬하게 원하는 대로 이루어진다. 그것은 우리의 삶에 도움이 되는 경우에 한해서 그렇다. 만약 바라는 일이 도덕적으로 바람직하지 않은 것이라면 바라는 대로 이루어지지 않는 것이 오히려 더 좋은 것이다. 우리의 바람이 모두 자신에게 알맞은 것, 도움이 되는 것이라 할 수는 없다. 그러니 모든 일이 그저 일어나는 대로 일어나기를 바라자.

모든 일이 그대가 바라는 대로 이루어지기를 바라지 마라.
|
에픽테토스

실수는
새로운 문을 열어줍니다

실수는 새로운 것을 발견해낼 수 있는 기회다. 페니실린의 발견은 알렉산더 플레밍이 실수로 포도상구균의 일부를 우연히 공기에 노출시킨 사건에서 시작되었다. 그는 공기에 노출되어 생긴 푸른곰팡이 주변에는 포도상구균이 하나도 없는 것을 보고, 푸른곰팡이에 포도상구균을 없애는 물질이 있다는 것을 알아낸 것이다. 플레밍은 실수를 그냥 지나치지 않았다. 연구에 연구를 거듭해서 수많은 인류를 살린 항생제를 만들어냈다.

실수는 발견의 입구다.

|

제임스 조이스

평탄한 삶이
진짜 위험입니다

위험하지 않은 일은 없다. 조금 더 위험하냐, 덜 위험하냐의 차이가 있을 뿐이다. 위험을 피하기만 하면 어떤 일도 할 수 없다. 현명한 사람은 위험을 예측하고 관리한다. 충분히 위험을 감당할 수 있을 때나 하지 않으면 안 될 때는 위험이 있어도 나아간다. 얻는 것보다 잃는 것이 많다면 물러난다. 아무런 위험이 없는 평탄한 삶은 사실 정말 위험이 없는 삶이 아니다. 그냥 아무것도 아닌 삶이다. 위험이 없는 삶이 가장 위험하다.

위대한 업적은 대개 커다란 위험을 감수한 결과다.
|
헤로도토스

자신을 극복해야 하는 이유

가장 용기 있는 사람은 자신의 내면 깊이 자리 잡고 있는 두려움을 직면하는 사람이다. 내면의 두려움은 집요하게 우리를 괴롭힌다. 어릴 때 학대당한 기억이 있는 사람은 자신도 모르게 자신이 경험한 방식으로 다른 사람을 괴롭힌다. 그 당시 아무것도 할 수 없었던 무기력함, 두려움, 분노 등의 감정을 마주하지 않으면 그것을 벗어날 수 없다.

용기를 가진다는 것은 두렵지 않다는 것을 의미하지 않는다.
두려움을 직면한다는 것이다.

마야 안젤루

선택의 순간에
기억해야 할 것

삶은 선택의 연속이다. 어떤 선택을 해야 할지 고민된다면 이런 질문을 던져보자. '이 선택을 위한 판단기준이 무엇인가? 어떤 가치가 중요한가? 이전에 비슷한 실수를 하지는 않았는가? 지금 선택에 후회가 없을 것인가?' 후회 없는 삶을 위해서는 선택의 순간 자신이 중요하게 생각하는 삶의 가치를 잊지 말아야 한다.

이미 두 번째 삶인 것처럼 살아가라.
그리고 지금 당신이 막 하려고 하는 행동이
처음 삶에서 잘못했던 바로 그 행동이라고 생각해보라.

|

빅터 프랭클

실수는 탁월한 성과를 위한
밑거름입니다

실수가 없다는 것은 아무것도 시도하지 않는다는 것이다. 무엇인가를 이루려면 여러 가지 시도를 해야 하며 그 과정에서 실수하는 것은 당연하다. 실수는 탁월한 성과를 위한 밑거름이다. 과정에서의 실패나 실수 없이 좋은 성과가 나오기는 힘들다. 실수한다고 해서 큰일이 일어나는 것도 아니다. 실수를 자연스러운 과정으로써 기꺼이 껴안자. 결과에는 완벽주의자가 되어야 하지만 과정에는 완벽주의자가 되지 말자. 실수에 집착하는 완벽주의자는 아무것도 하지 못한다.

만약 실수하더라도 그것 때문에 절대 죽지 않는다.

|

데이비드 번즈

잠재력을 깨우는 열쇠

위대한 천재들은 자기가 하는 일에 조금씩 미쳐 있다. 자신이 의미 있다고 생각하는 분야가 있다면 조금은 미쳐도 좋다. 주변 사람들이 소름 끼쳐 할 정도로 미친다면 더 좋다. 우리의 내면에는 천재성이 잠재되어 있다. 이것을 깨어나게 하는 열쇠는 깊은 몰입이다. 간절하면 몰입할 수 있고, 몰입하다 보면 어느 순간 재미를 느낀다. 그 속에서 잠재력이 깨어난다.

가장 중요한 일 하나에 집중하라.
그다음은 생각하지도 마라.

|

피터 드러커

노력하면
그 모습과 닮아갑니다

근육을 키우는 방법은 간단하다. 원하는 부위를 지속적으로 단련하면 된다. 사람의 자질도 마찬가지다. 어떤 사람이 되고 싶으면 그런 자질을 갖춘 사람이 할 만한 일을 지속적으로 하면 된다. 스스로 부족하다고 한계선을 긋고 그 안에만 머무르고 있으면 결코 한계를 극복할 수 없다. 원하는 모습을 그리며 노력하면 점점 그 모습을 닮아간다. 마침내 당신이 그런 사람이 될 수 있다.

인간은 끊임없이 특정한 방식으로 행동하면서 특정한 자질을 얻는다.
올바른 행동을 하면 올바른 사람이,
절제된 행동을 하면 절제 있는 사람이,
용기 있는 행동을 하면 용기 있는 사람이 된다.

아리스토텔레스

잘못된 길이라면
멈춰 서야 합니다

'이 길이 아니다' 싶으면 다른 길로 가야 한다. 그동안 쏟은 정력과 시간을 아쉬워하면서 계속 잘못된 길을 가면 더 큰 손해를 볼 수 있다. 각자의 운명에 맞게 삶의 시간은 정해져 있다. 시간을 더 낭비하지 않으려면 포기할 것은 과감하게 포기하고 원점에서 다시 시작해야 한다. 냉정하게 상황을 파악하고 잘못이 있었다면 인정하자. 매몰비용을 생각하고 관성에 빠져 변화를 선택하지 못하면 완전히 매몰당할 위험이 있다.

잘못된 길을 갈수록,
자신이 잘못된 길로 가고 있다는 사실을 인정하기 어려워진다.
그동안 정력과 시간을 낭비해왔다는 사실을
인정하고 싶지 않기 때문이다.

에리히 프롬

지금 하고 있는 일이
충분히 즐겁지 않다면

삶에서 가장 큰 축복 중 하나는 자기 일을 즐겁게 하는 것이다. 일이 즐거운 이유는 몇 가지가 있다. 먼저 그 일을 정말로 좋아하는 것이다. 다음으로는 일의 성과가 남다른 경우다. 지금 하고 있는 일이 충분히 즐겁지 않다면 좋아하지도 않고, 잘하는 일도 아니기 때문이다.

일을 즐기면 완성도가 높아진다.
|
아리스토텔레스

좌절의 연속에도
웃음을 잃지 않는다는 것

미국의 소설가 커트 보니것은 평탄하지 않은 삶을 살았다. 2차 세계 대전 당시 반전적인 글을 썼다는 이유로 학교에서 징계를 당했다. 입대 후 어머니의 자살을 겪고, 전쟁에서는 독일군의 포로가 되어 갖은 고초를 당했다. 50세가 다 될 때까지 내세울 만한 작품이 없었고, 부인과의 이혼, 친지들의 연이은 죽음 등으로 마음 편한 시간이 없었다. 좌절의 연속이었지만, 그는 눈물보다는 웃음을 택했고, 풍자적인 작품을 전해주었다.

웃음과 눈물은 모두 좌절과 탈진 상태에 대한 반응이다.
나는 웃음 쪽을 선호한다.
왜냐하면 나중에 닦아낼 것이 적기 때문이다.

|

커트 보니것

후회 없이 살아가는 법

어제는 이미 흘러가버렸다. 과거를 후회한다고 달라지는 것은 아무 것도 없다. 과거를 후회하면서 부정적인 생각으로 가득 차면 훗날 또 다른 후회의 대상이 될 뿐이다. 삶은 언제나 지금이다. 지금까지 어떤 삶을 살았던, 당신의 인생은 바로 지금 무슨 생각을 하고, 어떤 행동을 하는지에 따라 평가할 수 있는 것이다. 어제를 후회하지 말고, 내일의 당신이 오늘을 후회하지 않으려면 현재 어떻게 해야 할지 생각하라.

절대 어제를 후회하지 마라.
인생은 '오늘의 나' 안에 있고, 당신의 내일은 스스로 만드는 것이다.
|
ㄴ 론 허바드

낙관주의자로 산다는 것

비관주의자와 현실주의자는 낙관주의자를 두고 현실을 직시하지 못하고, 스스로 희망고문한다며 비웃는다. 물론 맹목적인 낙관주의는 경계해야 하지만 낙관주의는 분명히 유용하다. 비관주의자는 현실의 조건에만 갇혀 앞으로 나아가기 힘들지만 낙관주의자는 자신이 하는 일이 잘될 것이라는 믿음으로 앞으로 나아간다. 그리고 성취해낸다.

낙관주의는 우리를 성취로 인도하는 믿음이다.
희망과 자신감이 없으면 어떤 것도 이루어질 수 없다.

ㅣ

헬렌 켈러

혼자 보내는 시간의 힘

사람들은 다른 사람과의 관계 속에서 자신의 가치를 확인하고 싶어한다. 대화를 통해 자신을 표현하고 이해받기를 원한다. 하지만 항상 다른 사람과 함께 있기를 원하지는 않는다. 가끔은 혼자만의 고독을 즐기려고 한다. 타인과의 대화만큼이나 자기 내면과의 대화도 중요하기 때문이다. '홀로 있음'과 '함께 있음'이 균형을 이룰 때 정신적으로나 육체적으로나 건강할 수 있다.

나는 외톨이가 되고 싶진 않지만,
사람들이 나를 혼자 내버려뒀으면 좋겠다.

오드리 햅번

후회의 기술

후회는 과거의 일을 되돌아보며 뉘우치는 것이다. 앞으로 같은 잘못을 반복하지 않도록 자신의 행동에 대해 다시 생각해보는 것은 성장에 도움이 되는 일이다. 이는 '반추'라는 '좋은 후회'다. 후회는 딱 거기까지만 해야 한다. 지난 일을 자책하면서 자신을 괴롭히는 것은 성장에 도움이 되지 않는 '나쁜 후회'다.

후회를 내려놓는다면,
당신의 인생길에서 훨씬 큰 행복을 느낄 수 있을 것이다.
|
베리 슈워츠

대화는 상대를 알아가는
과정입니다

대화는 상대와의 상호작용이다. 상대가 전혀 관심 없는 것에 아무리 열을 내고 말을 해봤자 소용없다. 도시에 사는 것을 선호하는 사람에게 외곽에 전원주택을 짓고 사는 것의 장점에 대해 길게 이야기한다면, 상대는 억지로 참아가며 대화를 이어가거나 자리를 피할지도 모른다. 서로 집중해서 대화를 하려면 상대의 관심사가 무엇인지, 어떤 욕구를 갖고 있는지 등을 잘 아는 것이 중요하다.

성공적인 대화의 첫번째 요건은
상대가 어떤 사람인지 잘 아는 것이다.
|
어빙 고프만

다름을
수용할 줄 알아야 합니다

어떤 사람의 태도와 행동을 단편적으로 판단해서는 안 된다. 한 사람의 행동은 과거의 기억이나 살아온 문화적인 배경에 따라 달라지기 때문이다. 문화적 유산은 세상을 바라보는 일종의 색안경과 같다. 다양성을 인정하고 바라봐야 상대를 이해할 수 있다. '다름'을 수용할 줄 알아야 한다. 인류의 역사에서 '다름'을 배척하면서 얼마나 많은 비극이 있어 왔던가.

문화적 유산은 우리가 세상을 이해하는 방법을 결정함으로써
태도와 행동을 결정한다.
|
말콤 글래드웰

말투 하나가
원인이 됩니다

부부싸움의 가장 큰 원인 중 하나는 배우자의 말투라고 한다. 실제로는 싸울 이유가 없는데 단지 말투가 기분 나쁘다는 이유로 다투는 것이다. 자기 방어적인 말투는 친절하고 상냥할 수 없다. 이런 불친절한 말투는 자신이 비난받고 있다는 생각에서 나온다. 그 생각은 맞을 수도 있고 틀릴 수도 있다. 어떤 경우라도 오히려 다정한 말로 상대의 진짜 의도를 알아보려고 노력해보자.

방어적인 말투는 우리가 비난받았다고 느낄 때 반응하는 방식이다.
이런 말투는 관계를 해칠 가능성이 높다.

존 가트맨

정신적인 피로에서
벗어나는 법

육체적인 피로보다 힘든 것이 정신적인 피로다. 사람들 속에서 사회생활을 하다 보면 여러 가지 정신적인 피로감이 든다. 일을 하다 보면 인격적으로 모욕적인 말을 듣기도 하고, 그런 말을 곱씹으며 잠을 설치고 분개하기도 한다. 주변 환경을 짧은 시간 안에 바꿀 수 있으면 좋겠지만, 그것이 힘들면 정신적인 피로에서 벗어나는 자신만의 방법을 찾아보자.

피로는 종종 일 때문이 아니라 걱정, 좌절, 분개에서 비롯된다.

ㅣ

데일 카네기

내 삶의 역사가
왜곡되지 않도록

인간의 의식은 교묘하다. 과거의 기억을 왜곡해서 저장하기도 하고, 외면하고 싶은 진실은 묻어버리기도 하며, 없는 사실을 만들어 사실관계를 재창조하기도 한다. 당신의 기억은 정확한 것인가? 혹시 믿고 싶은 대로 왜곡한 사실은 아닌가? 중요한 일은 잘 기록해두고 내 삶의 역사가 왜곡되지 않도록 하자.

우리는 믿고 싶은 사실을 선택한다.

|

레오나르드 믈로디노프

나를 벗어났을 때
보이는 것들

우리는 보통 '나'라는 존재를 피부 속에만 가둔다. 하지만 인간 존재는 좁아터진 몸 안에만 갇혀 있는 것이 아니다. '나'라는 관념에서 철저히 벗어나보자. '나'라고 생각했던 내 몸의 경계를 벗어나 완벽하게 타인이 되어보자. 그러면 모든 사람이 형제와 같고, 모든 장소가 내 집처럼 여겨질 것이다. 인간에 대한 진정한 이해는 자신을 벗어나는 것에서 시작한다.

오직 스스로 완벽하게 타인이었던 사람만이
타인을 진정으로 이해할 수 있다.
|
에리히 프롬

고통을 마주하는 태도

우리의 삶은 잔잔한 호수가 아니라 파도가 몰아치는 바다. 우여
곡절 없는 삶은 없다. 혹시 있다고 하더라도 그것은 배울 것이 없는
삶이다. 파도에 높은 곳과 낮은 곳이 있듯이 삶에는 기쁨과 희망도
있고, 고통과 절망도 있다. 고통을 극복하면 곧 기쁨이 찾아온다.

세상은 고통으로 가득하지만,
그것을 극복하는 사람들로도 가득하다.

|

헬렌 켈러

용기는 사랑에서 비롯합니다

사랑은 모든 힘의 원천이다. 자신을 믿어주고 지지해주는 사람의
존재는 큰 힘이 된다. 어떤 조건을 충족해야만 하는 조건부 사랑은
뿌리가 약하고 확신을 주지 못한다. 그저 자신의 존재 자체만으로
사랑받는다는 확신은 세상을 살아가는 힘이 된다. 주위 사람들에게
깊은 사랑을, 눈빛만으로도 확신할 수 있을 만큼의 사랑을 전하자.

인간은 자신이 사랑받는다는 것을 확신할 때 용기를 얻는다.

|

지그문트 프로이트

삶은 스스로 변해야
달라집니다

늦잠 자던 사람이라도 군대에 가면 강제로 아침 일찍 일어날 수밖에 없다. 하지만 전역하고 나면 다시 늦잠을 잔다. 다른 사람에 의한 변화는 습관이 되기 힘들다. 자신을 바꾸는 것은 스스로 주인이 되어서 해야 한다.

결국 자신을 바꿀 수 있는 것은 자기 자신뿐이다.
자기 자신과 꾸준한 노력뿐이다.

앨버트 엘리스

4장

생각을 바꾸면 세상이 변한다

삶은 자신만의 파도를
일으키는 것입니다

단테의 『신곡』에 나오는 지옥 입구에는 그 무엇에도 관심 없이 자신만 생각하며 살았던 사람들이 모여 있다. 그들은 지옥, 연옥, 천국 어디에도 속하지 못하고, 지옥 입구에 널브러져 있다. 삶은 열정으로 자신만의 파도를 일으키는 것이다. 각자의 파도가 서로 영향을 주고받으면서 수많은 드라마를 만들어낸다. 어떤 열정도 없이 아무런 파도를 일으키지 않고 그저 숨만 쉬다 가는 삶을 선택하지 말자.

이 세상에 열정 없이 성취할 수 있는 위대한 것은 없다.

게오르크 빌헬름

추억으로 남겨두고
교훈으로 삼는 것

세상에 후회할 것은 하나도 없다. 멋진 경험이라면 좋은 추억으로 남겨두면 되고, 나쁜 경험이라면 교훈을 얻었으니 그만이다. 다시는 비슷한 잘못을 저지르지 않으면 된다. 죄책감, 수치심과 같은 감정은 내면의 양심이 우리의 깨달음을 위해 신호를 보낸 것이다. 깨달음을 얻었다면 감정도 흘려보내자.

절대 후회하지 마라.
좋은 일이라면 그것은 멋진 것이다. 나쁜 일이라면 그것은 경험이 된다.

|

빅토리아 홀트

자신에 대한 믿음이
두려움을 이깁니다

어떤 일이든 두려움이 없을 수는 없다. 거절당할지도 모른다는 걱정, 실패할지도 모른다는 우려, 상대방에 대한 의심 등 두려움은 끝이 없다. 두려움 때문에 앞으로 나아가지 못한다면 정체되어 버린다. 두려움보다 더 큰 믿음을 가져야 한다. 자신을 믿고 용기를 내자.

용기는 신념이 두려움보다 큰 결과다.
|
오린 우드워드

좌절에 머무르지 말고
반등해야 합니다

인생은 시소와 비슷하다. 한쪽에는 좌절이, 다른 한쪽에는 성공이 있다. 좌절 쪽으로 시소가 기울었다가도 바닥을 치면 다시 성공 쪽으로 기울어진다. 이때 주의할 것은 좌절의 밑바닥에서 가만히 있으면 안 된다는 것이다. 발로 힘껏 땅을 밀어내야 한다. 처음에는 힘이 들지만 어느 정도 올라가면 반대편의 무게로 인해 자연스럽게 바닥에서 벗어날 수 있다. 좌절이 크면 클수록 발을 힘차게 구를 준비를 해야 한다.

성공한 사람들은 모두 좌절의 반대 쪽에 성공이 묻혀 있다는 것을 배운다.
|
앤서니 라빈스

행복한 인생을 위해
필요한 것

많은 사람이 행복의 조건을 연구한다. 사람은 어떤 조건을 갖추면 행복해질 수 있을까? 경제적인 자유로움, 안정된 가정, 적절한 워라밸이 보장되는 직장, 퇴근 후 동료들과 맥주 한 잔 할 수 있는 여유, 적절한 운동으로 건강 유지 등 행복의 조건은 저마다 다르다. 모든 사람에게 딱 맞는 행복의 조건은 없다. 아무리 돈이 많아도 더 많이 가진 사람과 비교하면 우울해지듯이 절대적인 행복의 조건이란 없다.

행복한 인생을 위해 필요한 것은 별로 없다.
모두 당신 안에 있다. 그것은 당신의 사고방식이다.
|
마르쿠스 아우렐리우스

세상을 100% 이해할 수는 없지만
100% 허용할 수는 있습니다

인간의 두뇌가 인지하고 처리할 수 있는 정보의 양은 그렇게 많지 않다. 하지만 현실을 이해하기 위해 필요한 정보는 너무나 많다. 과학적으로든, 영적으로든 아직 풀지 못한 수수께끼가 너무 많다. 인식의 방식이 획기적으로 변하지 않는 한, 단편적인 정보와 사실만 가지고 세상을 모두 이해할 수는 없다. 세상은 겪안을 대상이지 분석과 이해의 대상이 아니다.

이 세상에서 가장 이해할 수 없는 것은
세상을 모두 이해할 수 있다는 말이다.
|
알베르트 아인슈타인

시간은 소중하게 다루어야 할
자산입니다

시간은 각자의 자산이다. 이것을 남에게 빼앗겨서는 안 된다. 시간은 우리를 기다려주지 않고 무심히 흘러간다. 각자 정해진 시간이 얼마나 되는지는 알 수 없지만 한 가지는 확실하다. 남의 인생을 살면 안 된다는 것이다. 누군가가 당신에게 시간을 요구한다면 그것은 당신 삶의 일부를 가져가겠다는 말이다. 자신이 성장할 수 있고 가치 있는 기회가 아니라면 그 요구를 수용해서는 안 된다.

시간은 당신 삶의 동전이다.
당신이 가진 유일한 동전을 어디에 쓸지는 당신만이 결정할 수 있다.
당신 대신 타인이 그 동전을 써버리지 않도록 주의하라.

칼 샌드버그

생각하는 대로 살지 못하면
결코 행복할 수 없습니다

사람들은 생각하는 대로 말하지 못하고 행동하지 못하면 병이 난다. 언론의 자유나 신체의 자유와 같은 거창한 말이 아니더라도 누구나 말과 행동의 자유를 원한다. 원하지 않는 말과 행동을 할 수밖에 없는 상황에서 우리는 진실할 수 없다. 자신의 내면과 멀어지는 상황에서는 누구도 행복을 느낄 수 없다. 사람은 내면의 생각과 행동이 조화로울 때 행복감을 느낄 수 있다.

행복은 당신의 생각, 말, 행동이 조화를 이룰 때 찾아온다.

|

마하트마 간디

현실을 바꾸고 싶다면

주변의 현실은 그냥 생겨나는 것이 아니다. 자신에게 필요한 것, 자기 생각이 끌어당긴 것이 현실이 되어 나타난다. 어떤 사람과의 관계가 너무 힘들다면 그 관계를 통해 배워야 할 무엇이 있기 때문이다. 풀어야 할 과제가 있음을 알아채지 못한다면 껄끄러운 관계가 해소되지 않아 괴로울 것이다. 생각을 바꿔야 한다.

생각을 바꾸면 세상이 변할 것이다.
|
노먼 빈센트 필

생각도
소화하는 시간이 필요합니다

옳다고 믿고 있는 것이 정말로 자신의 생각인지 숙고해보자. 많은 사람이 옳다고 인정하는 '상식'을 고민 없이 받아들이고 있지는 않은가? 나 스스로 고민한 '진짜 내 생각'이 얼마나 있을까? 조금만 다른 관점에서 바라보면 상식이 비상식이 되고, 비상식이 상식이 될 수도 있다. 외부의 생각을 내 안으로 들일 때는 충분히 소화하는 시간이 필요하다.

모두 비슷한 생각을 한다는 것은
그 누구도 깊이 생각하고 있지 않다는 것이다.

|

알베르트 아인슈타인

과거를 통해
생각의 방식을 바꿔야 합니다

'역사는 반복된다'라는 말은 흔히 국가 단위나 인류 전체의 역사를 이야기할 때 쓰인다. 하지만 개인도 과거를 반복하는 경향이 있다. 연인에게 먼저 이별을 통보하는 사람은 계속해서 먼저 이별을 고한다. 중요한 시험이나 발표를 앞두고 늘 멘탈이 무너지는 사람도 있다. 이는 의식의 패턴, 즉 고정관념 때문이다. 생각하는 방식을 바꾸지 않으면 현실은 변하지 않는다. 단순히 과거의 사실을 보지 말고 그 속에 어떤 의식이 흐름이 있었는지 주목하자. 그 패턴을 바꾼다면 현재는 달라지기 시작할 것이다.

현재가 과거와 다르길 원한다면, 과거를 공부하라.

|

스피노자

배움을 생각하면
모든 것이 경험입니다

항상 긍정적이기는 어렵다. 우리 삶에는 크고 작은 불행한 사건이 일어나기 마련이다. 하지만 그런 불행한 사건들에 긍정적인 상태를 유지하는 것이 불가능한 것만은 아니다. 노력하면 된다. 힘든 상황에서도 배울 점을 찾고, '이것을 배웠으니 다행이다'라고 긍정하는 노력을 기울여보자.

모든 경험이 나에게 주는 교훈을 배우는 것,
그것에 인생의 의미가 있다.
|
마야 안젤루

분노가 찾아올 때는
종이에 옮겨봅니다

격렬한 감정에 휩싸일수록 냉정해져야 한다. 머리가 차야 생각이 명료해진다. 화가 날 때는 여러 번 심호흡하면서 신체의 반응을 살펴보자. 심장 박동이 줄어들고, 호흡이 느려지면 큰 감정의 물결은 지나간 것이다. 그러면 어떤 상황이 자신의 화를 돋운 것인지 종이에 써보자. 글로 적어보면 그렇게 화낼 일이 아니었음을 깨닫게 될 것이다.

주먹을 꽉 쥐고서 생각을 명료하게 할 수 있는 사람은 아무도 없다.
|
조지 장 네이선

나에게 이로운
감정을 선택하는 연습

상황에 따른 감정 반응은 사람에 따라 다르다. 같은 상황이라고 하더라도 누군가는 긍정적으로, 누군가는 부정적으로 받아들인다. 저마다 생각과 감정의 패턴이 달라서다. 좌절, 분노, 두려움과 같은 부정적인 감정은 대체로 나에게 해롭다. 기쁨, 희망, 사랑과 같은 긍정적인 감정은 나에게 이롭다. 현실을 합리적으로 해석하고 받아들이는 한 굳이 해로운 감정을 택할 이유는 없다. 나에게 이로운 감정과 해로운 감정을 구분하고 이로운 쪽을 선택해보자.

우리가 정말로 해야 하는 것은
이로운 감정과 해로운 감정을 구분하는 것이다.

|

앨버트 엘리스

생각이 막혔을 때는
걸음이 특효약

걷기는 생각이 꽉 막혔을 때 시원하게 뚫어주는 데 특효약이다. 위대한 업적을 남긴 철학자, 사상가는 모두 산책을 즐겼다. 비판철학으로 서양 근대철학을 종합한 임마누엘 칸트는 매일 같은 시각에 산책해서 사람들이 그가 산책하는 모습을 보고 시간을 맞췄다는 말이 전해져 올 정도다. 영재교육의 전설 칼 비테는 산책하는 시간에 아들에게 고전의 성수를 전하고 철학적인 대화를 나눴다. 자주 걷는 습관을 가져보자.

진정으로 위대한 모든 생각은 걷기로부터 나온다.

|

프리드리히 니체

시야를 확장하는 방법

주변 환경만 바꿔도 관점을 바꿀 수 있다. 열린 공간에서는 시야가 확장되고, 닫힌 공간에서는 시야가 좁아진다. 산 위에 올라가면 자유로움을 느낀다. 탁 트인 시야에 가슴속이 시원해지고 땅 위의 일들이 소소하게 느껴진다. 사방이 막힌 좁은 공간에서는 눈앞에 주어진 일을 집중해서 하기에는 좋으나 자칫 생각까지 좁아질 수 있다. 열린 공간이 좋고 닫힌 공간이 나쁜 것은 아니고 각기 장단점이 있다는 것이다.

천장만 높아져도 당신의 관점을 넓힐 수 있다.
|
레오나르드 믈로디노프

자신을 존중할 수 있는 사람이
다른 사람도 존중할 수 있습니다

자신을 존중하지 않는 사람은 다른 사람을 존중할 수 없다. 존중의 밑바탕은 사랑이다. 사랑하려면 있는 그대로 품어야 한다. 조건부로 사랑하는 것은 온전한 사랑이 아니다. 자신이 완벽해서 사랑하고 존중하는 것이 아니다. 사랑은 존재 그 자체를 품는 것이다. 자신을 품을 수 있는 사람은 다른 사람도 품을 수 있다.

자기 존중은 모든 미덕의 초석이다.

|

존 허셀

마음을 내어주어야 연결됩니다

인간은 태어난 그 순간부터 서로 연결된다. 가족, 학교, 직장 등 수
많은 공동체 속에서 살아간다. 다른 사람과 연결되어 있다는 느낌,
어디엔가 속해 있다는 소속감과 안정감은 인간의 근본적인 욕구다.
연결되어 있다는 느낌이 끊어지면 다른 사람에게 마음을 한 뼘도
내어주지 못한다. 혼자라는 느낌은 인간이라는 본질을 잃어버린 상
태다. 사람들 사이에 서로 마음을 내어주어야 힘을 합쳐 살아갈 수
있다.

인간은 서로 연결되어 있다고 느낄 때
조화롭게 협동심을 기를 수 있다.
|
무자퍼 셰리프

친구란 더없이 소중한 존재

때로는 고독의 시간이 필요하지만, 끊임없이 이어지는 외로움은 견디기 어렵다. 인간에게는 우정을 나눌 친구가 필요하다. 고대 그리스에서는 우정을 중요하게 여겼고, 오히려 사랑보다 우정이 더 높게 평가되었다. 친밀한 감정을 나누고 자신의 생각을 거리낌 없이 표현할 수 있는 누군가는 우리가 살아가는 데 더없이 소중한 존재다.

친구란 무엇인가? 두 개의 신체에 깃들어 있는 단 하나의 영혼이다.

아리스토텔레스

사람을 채우는 것은
사랑입니다

코로나19로 거리 두기가 일상이 되면서 우리는 많은 깨달음을 얻었다. 그 깨달음 중 하나는 '다른 사람과 직접 만나는 것의 소중함'이다. 사람은 먹는 것만으로 만족하며 살 수 없다. 친구와 수다를 떨어야 하고, 가족들의 손을 잡아야 하고, 사랑하는 이의 숨결을 느껴야 한다. 사람 사이에는 화상통화나 문자를 주고받는 것만으로는 채워지지 않는 무언가가 필요하다.

인간은 단순히 굶주림을 벗어나는 것 이상을 원한다.
무슨 일이 있어도 다른 사람과 연결되고 싶어 한다.

해리 할로

내 곁에 있는 사람이
삶의 큰 선물입니다

어차피 죽어 없어질 몸이라고 함부로 다루면 안 된다. 어차피 인생
은 고독한 것이라고 사람들과의 관계를 함부로 여기면 안 된다. 죽
음으로 본디 자리로 돌아가고, 새로운 놀이를 끊임없이 다시 시작
하는 것이 삶의 진실인지도 모른다. 그렇더라도 사랑과 우정 없이
외롭게 보내는 것은 자신에게 너무 가혹한 놀이 방식이다.

사람은 홀로 태어나 홀로 살아가고, 홀로 죽는다.
오직 사랑과 우정을 통해 혼자가 아니라는
일시적인 환상을 만들어낼 수 있다.

|

오손 웰스

끊임없는 도전 속에
희망이 있습니다

계산하는 사람은 큰일을 이룰 수 없다. 절망적인 상황에서도 고집 스럽게 자신만의 별을 따라가는 사람이 꿈을 이룬다. 미국의 16대 대통령 에이브러햄 링컨은 평생 크고 작은 실패를 경험했다. 가난 한 농민의 아들로 태어나 제대로 된 교육을 받지 못했다. 24세에 애 인의 죽음으로 평생 우울증을 앓았고, 두 번의 이혼을 경험했다. 선 거에서도 수차례 낙선을 거듭했다. 하지만 그는 모든 인간은 평등 하다는 자신의 신념을 믿고, 끊임없이 도전해서 결국 노예 해방이 라는 업적을 이루어냈다.

세상의 중요한 업적 중 대부분은
전혀 희망이 보이지 않는 상황에서도
끊임없이 도전한 사람들이 이룬 것이다.
|
데일 카네기

자신을 완전히 믿을 때
최고의 성과를 낼 수 있습니다

위대한 업적을 남긴 이들에게서 하나의 공통점을 발견할 수 있다. 바로 가벼운 조증 증상이다. 약간 지나친 자신감, 들뜬 기분, 흥분 상태를 보였다. 자기 자신의 능력을 완전히 신뢰해서 남들은 해내기 힘든 일이라고 하더라도 '나라면 할 수 있다'라는 생각으로 몰두한다. 그리고 꼭 성과를 낸다. 그들이 정말 뛰어나서 천재적인 능력을 발휘한 것이 아니다. 자신을 완전히 믿는 그 자신감으로 잠재력까지 활용하여 해내는 것이다.

약간의 광기가 없는 위대한 천재는 존재하지 않는다.

아리스토텔레스

운명을 새롭게 디자인하는 것

인간은 모두 독특한 존재다. 우리는 내면에 어떤 잠재력이 있는지,
그것이 깨어나면 어떤 사람이 될지 알 수 없다. 잠재력을 계발하는
것은 운명을 새롭게 디자인하는 것이다. 헬렌 켈러는 시각과 청각
이 모두 손상된 아이였지만, 설리번 선생님을 만나 작가, 연설가, 사
회운동가로 자신의 삶을 꽃피웠다. 자신이 지닌 잠재력의 크기는
누구도 알 수 없다.

인간은 자신을 계발할 양도할 수 없는 권리를 갖고 있다.
|
저메인 그리어

일과 휴식의 균형이
중요한 이유

일과 휴식은 새의 날개처럼 삶을 지탱해주는 두 기둥이다. 한쪽 날개가 다치면 제대로 날 수 없듯이, 삶에서 일과 휴식 중 어느 한쪽으로 치우치면 퍼덕거리다가 균형이 무너지고 만다. 휴식 없이 일만 하는 삶은 공허하고, 일하지 않고 놀기만 하는 삶은 지루하다. 행복은 일과 휴식이 적절하게 조화를 이루는 것에서 발견할 수 있다. 일에서는 보람을 찾고, 휴식을 통해 에너지를 재충전하자.

매일이 휴일 같다면, 노는 것이 일하는 것처럼 지루할 것이다.

윌리엄 셰익스피어

정답은 내 안에 있습니다

자유롭지 못한 상태에 놓인 자아는 신호를 보낸다. 하지만 시선이
바깥으로 향해 있을 때는 그 신호를 알아채기 힘들다. 남의 목소리
에 흔들리는 사람은 내면과의 대화에 귀를 닫고 있는 것과 마찬가
지다. 주의를 외부로 돌리면 자신만의 중심을 잡기 힘들다. 삶이 만
족스럽지 않고 행복하지 않다. 주의를 내면으로 돌리자. 항상 정답
은 내면에 있다.

나 자신이 되지 못한 사람에게 삶은 감당하기 힘든 짐이다.

|

카를 융

어제를 후회하지 않고
오늘을 살아갑니다

그리스 신화에 나오는 음유시인 오르페우스는 아내인 에우리디케가 죽자 저승까지 내려가 자신의 리라 연주로 신들을 감동시키고, 아내를 저승에서 데리고 나올 수 있는 기회를 얻는다. 하지만 절대 뒤돌아보지 말라는 신들의 경고를 지키지 못하고 결국 슬픔에 빠져 비참하게 죽는다. 우리의 삶은 앞으로 향해 나아가야지 뒤돌아보아선 안 된다. 과거의 일을 후회하는 것은 또다시 후회할 일만 만드는 것이다.

결코 후회하지 말 것, 뒤돌아보지 말 것을 삶의 규칙으로 삼아라.
후회는 쓸데없는 에너지의 낭비다. 후회로는 아무것도 이룰 수 없다.
단지 정체만 있을 뿐이다.

캐서린 맨스필드

5장

어두워야 비로소 보이는 것들

인생의 굽잇길을 걸어갈 때

모든 것은 상대적으로 인식된다. 어둠이 없으면 빛을 알 수 없고, 슬픔을 겪지 않으면 기쁨을 알 수 없다. 혹독한 추위의 겨울을 겪어야 따뜻한 봄이 반갑다. 이별의 아픔이 클수록 만남의 기쁨도 크다. 모든 일에 승승장구하기만 한다면 삶의 한쪽만 체험하는 반쪽짜리 인생이다. 다양한 인생의 굴곡을 체험하는 것이 우리 삶의 목적 중 하나다.

고난을 맛보지 않으면 성공이 반갑지 않을 것이다.

앤 브래드 스트릿

삶의 의미는
오직 경험을 통해서 찾을 수 있습니다

내 삶의 의미는 이것이라고 정해놓고 살아가는 사람은 없다. 우리 삶에 사건은 자연스럽게 흘러 들어온다. 자신이 의미 있다고 정해 놓은 사건만 일어나는 것이 아니다. 남들이 좋다고 하는 것을 아무 리 원하고 끌어당겨도, 그것이 자신의 삶에 맞지 않으면 경험할 수 없다. 우리 삶에는 운명, 소명, 삶의 의미 등 여러 가지로 표현할 수 있는 '보이지 않는 손'이 있다. 이것은 살아보고 나서야 알 수 있는 것인지도 모른다.

의미는 발견하는 것이지 만들어내는 것이 아니다.

|

빅터 프랭클

위험을 피하기만 한다면
큰 배움의 기회를 놓치는 것입니다

삶은 배움과 성장을 위한 과정이다. 삶에서 가장 큰 위험은 아무것도 체험하지 않고, 배우지 않고 정체되어 버리는 것이다. 물론 위험을 무릅쓰고 여러 가지 경험을 하다 보면 실패할 수도 있다. 하지만 그것이 무슨 상관인가? 실패는 경험이지 위험이 아니다. 실패하면 배울 수 있지만 회피하면 아무것도 배우지 못한다.

아무런 위험을 감수하지 않는다면 더 큰 위험을 감수하게 될 것이다.

|

에리카 종

의지가
힘의 원천입니다

신체적인 조건이 우수한 사람이 강한 힘을 가진 것이 아니다. 역사를 움직이고, 사람들에게 강력한 영감을 주어 행동하게 하는 사람들은 불굴의 의지를 가지고 있었다. 마하트마 간디는 비쩍 말라서 육체적으로는 힘없는 사람이었지만, 비폭력 저항을 주도해 영국으로부터 인도의 독립을 얻어냈다.

힘은 신체적인 역량에서 나오지 않는다.
그것은 불굴의 의지에서 나온다.

|

마하트마 간디

상상력의 힘

지식은 과거에서부터 현재까지 축적된 것이지만 새로운 현실을 만
드는 데 결정적인 도움을 주지 못한다. 상상력은 현재 없는 것을 꿈
꾸는 능력이며 새로운 것을 창조할 수 있는 원동력이다. 백지 상태
에서 상상력이 발휘되긴 힘들다. 지식은 일정 부분 상상력의 뿌리
가 되는 역할을 할 수 있지만 창조의 불꽃은 상상력에서 온다.

지식보다 중요한 것은 상상력이다.

|

알베르트 아인슈타인

문제가 아니라
꿈을 따라가야 합니다

일어난 문제나 닥쳐올 과제들을 생각하면 답이 없다. 문제에 휩쓸리는 생각의 습성을 벗어나야 한다. 문제만 생각하면 해결책을 찾기 힘들다. 금전적으로 힘들다고 어떻게든 지출을 줄이는 쪽으로만 생각하면 답이 없다. 그보다는 수입을 2배, 5배, 10배로 만들 수 있는 꿈을 생각하는 편이 좋다. 수입을 늘리기 위해서는 당장 지출이 생기더라도 자신의 능력을 계발하는 게 낫다.

당신의 문제들에 떠밀리지 말라. 당신의 꿈에 이끌려라.
|
랠프 월도 에머슨

명성이 나를 외롭게 할 수 있습니다

대중의 인기를 한 몸에 받는 유명인이 어느 날 갑자기 극단적인 선택을 하는 경우가 있다. 여러 가지 이유가 있겠지만, 대부분은 우울감과 외로움 때문이다. 아무리 명성이 높아도 지금 바로 옆에서 우정을 나눌 '그 한 사람'이 없으면 소용없다. 한 사람의 명성은 실체 없는 이미지를 만들어내서 그 사람의 실상을 왜곡하고, 다른 사람들과의 관계를 어렵게 만든다.

그토록 널리 알려지고도
이렇게 외롭다는 것이 이상할 따름이다.

알베르트 아인슈타인

의욕은 마법처럼
생겨나지 않습니다

해야 할 일이나 꼭 해보고 싶은 일이 있다면 바로 행동하자. '지금 말고 나중에' 하고 행동을 뒤로 미루면 점점 더 늦춰질 뿐이다. 일단 실행하다 보면 더욱더 의욕이 생긴다. 마법처럼 갑자기 의욕이 생기길 기다리는 사람은 감나무 아래서 감이 떨어지길 기다리며 입을 벌리고 있는 것과 같다. 지금 당장 행동하자.

의욕이 아니라 행동이 우선이다.
미루고 질질 끄는 사람들은
어떤 일을 해야겠다는 기분이 들 때까지 그저 기다리기만 한다.

|

데이비드 번스

때로는 감정을 쏟아내는 것이
도움이 됩니다

정말 화가 날 때는 그 감정을 쏟아내는 것이 도움이 된다. 감정을 꾹꾹 눌러 억압하면 다른 방식으로 자신을 괴롭힐 수도 있다. 어설프게 분출하지 말고 격렬하게 쏟아내는 것이 좋다. 이때 시간을 정해두는 것이 도움이 된다. 그 시간만큼은 미친듯이, 최선을 다해 감정을 분출하자. 그리고 나서 다시 일상으로 돌아오면 된다.

타이머를 20분에 맞춰 울고, 소리치고, 악을 써라.
타이머가 울리면 흥분을 가라앉히고 여느 때처럼 일을 계속하라.
이것이 분노와 좌절을 다루는 레시피다.

|

필리스 딜러

웃음은
가장 효과적인 무기

삶에 너무 심각해지지 말자. 웃음은 신이 준 최고의 선물이다. 친구라 믿었던 사람의 배신도, 경제적인 어려움도, 끊임없이 닥치는 고난도 웃음으로 넘길 수 있다. 뜻대로 되는 일에도 웃고, 마음대로 되지 않는 일에도 웃는 여유를 가져보자. 인생을 한 편의 코미디 영화라고 생각하고 관객의 눈으로 바라보면, 어떤 일도 웃어넘길 수 있다.

인간은 정말 효과적인 무기를 하나 갖고 있다. 그것은 바로 웃음이다.

|

마크 트웨인

용기를 내면
자유를 얻을 수 있습니다

용기는 '안 돼', '위험해', '힘들어질 거야' 하는 내면의 두려움을 이겨내는 것이다. 상황의 논리에 빠지지 않고 내 갈 길을 가는 것, 흐름을 거스르는 것이다. 용기를 내면 자신을 옭아매는 두려움, 이익을 추구하려는 욕망, 게으름, 노예 의식 등에서 벗어나 자유로울 수 있다. 자유는 자신의 한계를 깨부수면서 얻을 수 있다. 자유로워지고 싶다면 두려움과 반대 방향으로 기면 된다.

자유의 비밀은 바로 용기다.
|
투키디데스

스스로 생각하는 사람이
삶의 주인이 됩니다

한 사람의 말과 행동은 그가 어떤 사람인지 보여준다. 말과 행동은
생각에서 비롯되기 때문이다. 자신의 생각이 아니라 다른 사람의
생각에만 이끌려 다니는 사람은 자신을 잃어버린 것이다. 자신의
말과 행동의 통제권을 잃어버렸기 때문에 결코 자유롭지 못하다.
자신의 생각에 이끌리는 사람만이 자유롭다.

자신의 사유에만 이끌리는 사람을 자유롭다 할 수 있다.
|
스피노자

어떤 삶을 살 것인지는
마음먹기에 달려 있습니다

우주는 당신이 불안에 휩싸여 있는지, 행복에 빠져 있는지 관심이 없다. 삶의 모든 순간은 무심하게 흘러간다. 삶을 어떻게 해석할 것인지, 어떤 감정을 선택할 것인지는 당신의 몫이다. 다만 이 사실 하나만은 기억해야 한다. 당신은 불안을 거부할 권리가 있다. 현실이 '당연히' 불안하고 위태로운 것은 아니다. 그 현실에 '불안함'이나 '두려움'이라는 이름을 붙이고 받아들였기 때문이다.

어떻게든 삶은 지나간다.
불안을 거부하라. 더 큰 행복을 구하라.

|

앨버트 엘리스

반복하는 것만이
성공의 비결입니다

성공은 현재 상태의 변화다. 비유하자면 돋보기로 햇빛을 모아 종이를 태우려 할 때, 종이에서 연기가 나다가 불꽃이 생기면서 타오르는 그 순간부터가 성공이다. 물의 온도를 서서히 올릴 때, 섭씨 100℃가 되어 물이 끓어오르는 그 시점부터가 성공이다. 이런 상태의 변화에 도달하기 위해서는 임계점에 다다를 때까지 포기하지 않고 반복해야 한다. 성공은 이론이 아닌 실천으로 이루는 것이다.

성공은 무서운 집중과 반복의 산물이다.

|

말콤 글래드웰

그 사람이 품은 희망의 크기가
그 사람의 크기입니다

많은 업적을 남기고 세상에 가치 있는 일을 한 사람들의 공통점은 무엇일까? 그들은 능력이 뛰어나거나 부모에게 경제적인 지원을 받았거나 혹은 타고난 운이 좋았던 사람들이 아니다. 그들이 놓인 상황은 천차만별이었지만, 한결같이 큰 뜻과 희망을 가졌다. 조선 시대 과거시험만을 위해 경전을 공부한 선비들은 주자에게 압도당해 앵무새처럼 글을 외우기만 했다. 하지만 율곡 이이는 '나는 왜 주자처럼 되지 못하는가'라는 생각으로 큰 뜻을 품고 정진해서 대학자가 되었다.

큰 희망이 큰 사람을 만든다.

토마스 풀러

놓아주지 않으면
얻을 수 없습니다

삶의 여러 가지 문제에 대처하는 방법에는 두 가지가 있다. 하나는 문제가 되는 상황 자체를 바꾸는 것이다. 하지만 대부분은 그것이 거의 불가능하다. 또 다른 방법은 그 문제에 맞설 수 있도록 자기 자신을 변화시키는 것이다. 그러려면 지금까지의 익숙한 상황에 이별을 고해야 한다. 지금까지 당연하게 누리던 것, 갖고 있던 것을 잃을 수 있다는 각오로 낯선 상황을 받아들여야 한다.

우리는 변화에 직면하면 망설인다. 왜냐하면 변화는 상실이기 때문이다.
하지만 어느 정도의 상실을 받아들이지 않는다면
결국 모든 것을 잃을 수 있다.

|

스티븐 그로스

화났을 때는
침묵이 먼저입니다

화가 나거나 흥분한 상태에서는 말하지 않는 것이 좋다. 한마디로 '제정신이 아니'기 때문에 자신의 의도와는 다르게 상대를 비난하거나 부정적인 말을 쏟아낼 수 있다. 말을 한 사람은 자신이 내뱉은 말을 기억하지 못하지만, 그 말을 듣고 상처받은 사람은 평생 그 말을 잊지 못한다. 나중에 아무리 달래고 사과해도 그 순간의 독한 말과 격앙된 목소리는 가슴속에 남아 있기 마련이다. 화날 때는 침묵하자.

화났을 때 말하라.
당신은 두고두고 후회할 최고의 연설을 하게 될 것이다.

로렌스 J. 피터

기분을 바꾸는 방법

같은 사건을 겪어도 각자의 생각에 따라 기분이 달라진다. 놀이공원에서 인기 있는 놀이기구를 타려고 땡볕에서 한 시간 동안 줄을 서 있는 상황을 가정해보자. 어떤 이는 함께 놀러온 사람들이 불편함을 느낄 정도로 투덜댄다. '날씨가 너무 덥다', '이래서 내가 놀이공원을 오지 말자고 했는데' 하면서 상황을 원망한다. 하지만 긍정적인 방향으로 생각하는 사람은 '이렇게 서서 가족들과 이야기하니 좋다', '사람 구경이 재미있다' 하고 상황을 즐긴다.

우리의 기분은 현실의 사건이 아니라 우리의 생각으로 만들어진다.

|

데이비드 번스

말과 생각은 하나입니다

말과 생각은 서로 보완해주는 관계다. 단어조차 없는 것을 생각하기 힘들고, 생각하지 않은 것을 말로 표현할 수 없다. '말이 생각을 따라가는 것인가, 생각이 말을 따라가는 것인가' 하는 질문은 '닭이 먼저냐, 달걀이 먼저냐'처럼 답하기 힘든 문제다. 아무리 고결한 생각을 한다고 하더라도 그것을 담는 말이 그 수준을 따라가지 못하면 그 생각을 짐작할 수 없다. 그래서 깊은 뜻을 담은 말은 짧고 간결해지는 경향이 있다.

고결한 정신은 고결한 언어로 표현되어야 한다.

아리스토파네스

있는 그대로 받아들이는 마음

스토아 철학자인 로마의 16대 황제 마르쿠스 아우렐리우스는 모든 사건을 우주가 처음부터 각자를 위해 정해놓고 펼쳐놓은 것이라고 받아들였다. 그는 오랜 시간을 전쟁터에서 보내면서 갖은 고생을 겪었지만, 불평하지 않고 자신의 의무를 다했다. 전쟁터에서 일기를 쓰면서 자신 앞에 펼쳐지는 모든 현실을 담담하게 받아들였다. 모든 일이 정당하게 일어난다는 관점으로 받아들인다면, 삶을 대하는 마음이 한결 더 가벼워질 것이다.

우주에서 일어나는 모든 일은 정당하게 일어난다.
|
마르쿠스 아우렐리우스

고난을 이겨내는 힘은
내 안에 있습니다

모든 고난은 자신이 해결해야 할 과제다. 자신의 과제를 타인의 힘을 빌려 해결한다면 삶은 우리에게 다른 형태의 과제를 다시 던진다. 내면의 힘을 하나하나 발견해 크고 작은 고난을 이겨내는 것이 주인의 정신으로 삶을 살아가는 길이다. 외부의 힘을 빌린다면 당장 어려운 문제를 해결할 수 있을지 몰라도, 결국 정신적으로 노예의 삶을 살게 된다.

역경에 맞서는 힘을 그대 안에서 찾는 습관을 들여라.

|

에픽테토스

나만의 신념을 갖고
나아간다는 것

진실은 사람들의 의견과 관계없이 그대로 진실이다. 코페르니쿠스
가 지구가 돈다는 진실을 말했을 때 사람들은 그것을 받아들이지
않았다. 오히려 진실을 말하는 그를 처벌하려고 했다. 신념은 내 인
생을 증명하는 진실이다. 남들이 나의 신념을 받아들이지 않는다고
해서 좌절할 이유는 없다. 남들은 그들이 보는 세상을 사는 것이고,
나는 나의 길을 가면 된다. 진실과 신념은 결코 다수결로 결정되는
것이 아니다.

다수가 받아들이지 않는다고 해서 더 이상 진실이 아닌 것은 아니다.
|
스피노자

열정의 방향이 중요합니다

인간의 정신은 작은 욕구에 휩쓸리기 쉽다. 식욕, 성욕, 소유욕과 같이 자신의 육체만을 위한 것에 에너지를 빼앗기기 쉽다. SNS에 넘쳐나는 사진들은 육체의 욕구와 관련된 것이 대부분이다. 이런 것은 즐기기 위한 것일 뿐 위대함과 거리가 멀다. 물론 즐기는 것은 중요하지만 진정한 행복은 육체를 만족하는 것에서만 오지 않는다. 열정은 인간의 정신을 위대함으로 이끈다. 욕구의 수준을 끌어올려 위대함을 열망하자.

오직 위대한 열정만이 정신을 위대한 일로 이끈다.

드니 디드로

의식을 항상 현재에 집중해야 합니다

의식을 현재에 집중하는 사람은 인생을 몇 배로 살 수 있다. 과거나 미래로 기운을 뺏기지 않기 때문이다. 의식을 현재가 아닌 다른 시간대에 빼앗기는 사람은 현재를 지나간 일에 대한 후회로, 앞날을 걱정하는 불안함으로 채워간다. 중요한 것은 끊임없이 이어지는 현재다. 의식을 과거와 미래로 보내는 경우는 과거의 일에서 교훈을 얻을 때나 현실적인 생존을 위해 미래를 계획할 때로만 한정하자.

나는 과거를 생각하지 않는다.
오직 중요한 한 가지는 끝없이 이어지는 현재뿐이다.

윌리엄 서머싯 몸

삶의 여정에
즐거움을 더하는 방법

많은 시간 동안 의식하고 신경 쓰는 일이 현실로 펼쳐진다. 무의식
은 의식이 보내는 긍정과 부정의 신호를 구분하지 못한다. '더 이상
빚 때문에 고민하지 않았으면 좋겠어'라는 생각은 대출이 더 늘어
나는 현실을 만들어낸다. '저런 무례한 사람 지긋지긋해'라는 생각
은 더 많은 무례한 사람과의 만남을 부추긴다. 부정적인 생각을 긍
정어와 긍정적인 생각으로 대체히고 그것을 유지하는 것이 삶을 즐
겁게 사는 방법이다.

생각을 긍정적인 상태로 유지하려고 노력할수록,
우리 삶의 여정이 더욱 즐거워질 것이다.
|
제임스 반 프라그

목적을 따라 살면
외롭지 않습니다

이탈리아를 대표하는 작가 단테 알리기에리는 서양의 중세를 문 닫고 근대를 연 인물로 평가받는다. 그는 정치적인 문제로 추방당해, 고향 피렌체로 돌아가지 못하고 19년 동안 타향을 전전했다. 그는 베아트리체라는 여인을 짝사랑했지만, 손 한 번 잡아보지 못하고 그녀를 떠나보내기도 했다. 그는 고통 속에서도 토마스 아퀴나스, 보에티우스 등의 고전을 읽고 저술활동을 이어갔고, 불후의 고전 『신곡』을 완성했다. 고귀한 이상을 추구하는 그의 정신은 외롭지 않았다.

고귀한 생각을 가진 사람은 결코 외롭지 않다.

|

필립 시드니

꿈과 희망에
귀 기울이는 삶

언제나 희망은 있다. 아직 살아 있으니까, 모든 가능성에 다 도전해 보지 않았으니까 어떤 기회가 펼쳐질지 알 수 없다. 지금껏 좌절스런 현실은 자신의 잠재력을 완전히 다 발휘하지 않았기 때문이다. 아직까지 나태함이 남아 있는지도 모른다. 무엇을 개선할지, 어떤 것이 가능성이 있는 일인지 곰곰이 생각해보자.

두려움이 아닌, 꿈과 희망에 귀 기울여라.
좌절이 아닌, 완수하지 못한 잠재력에 대해 생각하라.
시도하다가 실패한 것이 아닌, 여전히 가능성 있는 일에 신경 써라.
|
요한 23세

6장

이끌리는 삶에서 이끄는 삶으로

우리는 매일
새로운 하루를 선물받습니다

무슨 일을 하든 가장 중요한 것은 집중력이다. 크고 단단한 바위에 많은 양의 물을 골고루 붓는다고 해도 바위는 꿈쩍도 하지 않는다. 하지만 단단한 바위라도 한곳만 집중해서 강한 수압으로 물을 쏘면 구멍이 생긴다. 집중력은 일을 이루어내는 힘이다. 현재 하는 일에 집중하려면 과거의 실수나 실패를 잊어야 한다. 그렇게 하지 않으면 바위에 어설프게 물을 주듯 에너지가 분산된다. 과거의 일은 현재의 일을 잘하기 위한 기술을 얻는 데 도움이 될 때만 떠올리자.

실수를 잊어라. 실패를 잊어라.
지금 하려고 하는 일 외에는 잊어라. 그것을 실행하라.
바로 오늘이 당신의 행운의 날이다.

|

윌 듀런트

변화에 맞설 때
용기는 가장 좋은 무기입니다

변화의 마디에서는 항상 두려움이 밀려온다. 처음 학교에 가는 날, 직장에 첫 출근하는 날, 평생 한 사람과 함께 하겠노라고 선언하는 날 등 새로운 시작 앞에서는 설렘과 함께 두려움을 느낀다. 무서워 도망치고 싶고, 모든 것을 없었던 것으로 되돌리고 싶다는 생각이 들 수도 있다. 하지만 용기 없이 할 수 있는 것은 없다. 그대로 멈춰 있다고 나아질 것이라는 보장은 없다. 삶은 변화의 연속이다. 변화의 마디에서 용기를 내자.

세상에서 용기 없이 할 수 있는 것은 아무것도 없다.

아리스토텔레스

유리 멘탈을
극복하는 방법

한번 어깨를 구부정하게 하고, 고개를 떨구고, 한숨을 푹푹 내쉬며 힘없이 걸어보라. 왠지 모르게 힘이 빠지고 모든 일에 자신감이 사라질 것이다. 무슨 일에든 적극적이고 긍정적인 태도를 유지하자. 허리를 쭉 펴고 당당하게 상대의 눈을 바라보며 힘 있는 목소리로 말해보자. 어려운 문제가 있을 때 피하려고 하기보다는 해결할 수 있다는 생각으로 방법을 찾아보자. 그렇게 조금씩 긍정적으로 태도를 바꾸다 보면 일의 방향도 따라올 것이다.

나약한 태도는 나약한 성격이 된다.

|

알베르트 아인슈타인

하루에 하나씩
할 수 있는 일을 실천합니다

하고 싶은 일, 해야 할 일, 잘할 수 있는 일 중에 잘할 수 있는 일을
우선하는 것이 좋다. 하고 싶은 일이지만 잘할 수 없으면 중간에 포
기하기 쉽다. 해야 할 일은 대부분 재미가 없어서 의미 있는 성과
를 만들기 어렵다. '이 정도면 잘할 수 있겠다' 싶은 일 먼저 시작해
보자. 그러는 동안 잠재력이 깨어나 예상 밖의 좋은 성과를 거둘 수
있다. 성과가 나면 재미있고, 재미있으면 더 잘하게 된다. 이것이
잠재력을 깨우는 방법이다.

할 수 있거나 할 수 있다고 꿈꾸는 일을 시작하라.
시작하는 그 용기 속에 천재성, 능력, 그리고 마법이 깃들어 있다.
|
괴테

꿈꾸는 사람의 시간은
다르게 흐릅니다

꿈꾸는 사람은 정신 활동이 정체되어 있지 않으며 항상 앞을 내다본다. 어떤 것을 이루려는 소망을 품은 사람은 남들과는 차이 나는 생각과 행동을 한다. 자료와 정보를 모으고, 전략을 고민하고, 잘되지 않았을 때 새로운 방법을 찾으려 노력한다. 그들은 일이 잘되는 방법을 찾아내고 실행한다. 같은 시간을 살고 있지만 시간의 질이 다르다.

낮에 꿈꾸는 사람은
밤에만 꿈꾸는 사람에게는 찾아오지 않는
많은 것을 알고 있다.

에드거 앨런 포

백만장자들은
일을 사랑하라고 말합니다

백만장자들은 자신의 성공이 '일과 직업을 사랑한 결과'라고 입을 모아 말한다. 일이 마냥 즐거울 수만은 없지만 긍정적인 마음으로 일하면서 그 일을 잘해낼 수 있는 자신만의 방법을 찾아내면 즐거움이 따른다. 사람은 일에 열중할 때 행복하다. 하는 일 없이 쉬기만 하면 행복할 것 같지만 결코 그렇지 않다. 일을 돈 벌기 위한 수단으로만 생각하면 즐기기 어렵다. 돈은 자신의 일에 몰입한 대가로 따라오는 트로피와 같은 것이라고 생각해보자.

돈은 트로피이고 일은 게임이다.
|
해리 벡위드

오늘의 나는
내 생각의 결과물입니다

행복한 사람이 되고 싶다면 스스로 행복하다고 생각해야 한다. 생각만으로 잘 안된다면 원하는 자신의 모습을 종이에 글로 쓰거나 그림으로 그려도 좋다. 이미지는 생각을 강화한다. 이미 행복한 사람이 되었다는 생각으로 말하고 행동하자. 생각하는 것은 자유다. 그 자유를 절대 자신을 망가뜨리는 용도로 쓰지 말자.

인간은 자기 생각의 결과물일 뿐이다.
생각하는 대로 되는 법이다.

마하트마 간디

책에는 수천 년의 지혜가
담겨 있습니다

책은 작가의 정신 활동의 정수다. 작가는 최소 몇 년에서 수십 년간 쌓은 지식, 경험과 노하우를 자신의 책에 반영한다. 30년의 내공이 담긴 책을 100권 읽으면 3천 년의 지혜를 얻는 것이다. 내가 닮고 싶은 사람을 실제로 모두 만나기는 쉽지 않다. 하지만 책을 통해서라면 가능하다. 책을 읽는다는 것은 작가와 만나고 대화하는 것과 같다. 자기계발서뿐 아니라 철학책이나 소설, 시에서도 아이디어를 얻을 수 있다.

삶을 변화시키는 아이디어는 항상 책을 통해 얻었다.

|

벨 훅스

운명을 이기는 용기

운명은 때론 가혹하게 우리를 채찍질한다. 사고로 불구가 되기도 하고, 단지 가난한 나라에서 태어났다는 이유만으로 제대로 먹지도 입지도 못하다가 짧은 생을 마감하기도 한다. 운명은 어떻게 할 수 있는 영역이 아니지만, 운명 앞에서 쓰러질지, 견뎌낼지는 자유의지에 달려 있다. 용기는 운명을 극복할 수 있을 만큼 강하다.

운명보다 강한 것은 그것을 견뎌내는 용기다.

ㅣ

빅터 프랭클

지나간 일에
감정을 쌓지 않아야 합니다

지나간 일에 집착하는 한 자유는 없다. 경험의 목적은 감정의 체험이고 성장이다. 경험을 통해 감정을 체험한 뒤에는 흘려보내면 된다. 굳이 그 감정에 사로잡혀 있을 필요가 없다. 과거에 매몰되어 있으면 지금 바로 이 현실을 온전히 체험하지 못한다. 과거의 사건에서 배운 것이 있다면 자신의 성장에 활용하고 감정과 사건을 떠나보내자.

지난 일은 어쩔 수 없다.
슬퍼한들 이미 엎질러진 물이다.

|

윌리엄 셰익스피어

파도타기 하듯
살아가는 것

인생길에는 크고 작은 시련이 파도처럼 밀려온다. 파도에 쓰러지면 인생은 고통일 뿐이지만, 파도를 잘 타면 삶은 놀이와 같다. 시련은 삶이 주는 과제라고 생각해보자. 하나의 과제를 잘 완수하면 한 뼘 더 자라는 것이다. 어차피 평탄하기만 한 삶은 없다. 시련의 파도는 필연적으로 닥쳐온다. 파도를 잘 활용해 파도타기 하듯 인생을 즐기자.

시련을 활용하라.
|
앙리 프레데릭 아미엘

하지 않을 자유 또한
소중합니다

하고 싶은 것을 마음껏 하는 것도 자유이고, 하기 싫은 것을 하지 않는 것도 자유다. 누군가는 꿈을 이루는 기회를 진정한 자유라고 생각해 도전적으로 삶을 개척해나간다. 이것은 적극적인 자유다. 하지만 대다수의 사람에게 자유란 '나를 그냥 좀 내버려 두었으면 하는 바람'이다. 이것은 소극적인 자유다. 같은 사람이라도 상황에 따라 적극적인 자유를 원하기도 하고, 소극적인 자유를 바라기도 한다. 어떠한 자유도 소중하다.

누군가에게 자유는 하고 싶은 것을 하는 기회를 의미하지만,
대부분의 사람에게 자유는 하기 싫은 것을 하지 않는 것을 의미한다.
|
에릭 호퍼

나를 속이는 일을
용납하지 말아야 합니다

상황에 따라 어떤 거짓말은 용인되기도 한다. 하지만 어떤 경우에도 용인될 수 없는 나쁜 거짓말이 하나 있다. 그것은 바로 자기 자신에게 하는 거짓말이다. 자신을 속이는 것은 현실과 자신을 있는 그대로 바라보지 않는 것이다. 자신을 똑바로 쳐다보지 않으면 앞으로 나아갈 수 없다.

우리는 자신에게 거짓말할 때 가장 큰 소리를 낸다.

|

에릭 호퍼

나만의 소망을
이루어가는 것

리처드 바크의 소설 『갈매기의 꿈』에는 남다른 방식으로 하늘을 날고 싶은 갈매기 조나단이 주인공으로 나온다. 조나단은 아침마다 고깃배에서 던져주는 떡밥을 먹으려고 수천 마리의 갈매기들과 경쟁하기를 거부한다. 그는 자신만의 나는 법을 완성하기 위해 홀로 연습한다. 결국 그는 육지에서 풍족하게 먹이를 먹고 깨달음의 세계에 도달한다. 현실적인 문제, 먹고사는 문제에만 매몰되는 삶은 처량하다. 날고 싶을 땐 하늘을 날아오르자.

비상하고 싶은 충동을 느낄 때,
결코 땅을 기라는 데 동의할 수는 없다.

|

헬렌 켈러

행복은
이 순간에 있습니다

행복은 과거에 있지 않다. 행복한 과거를 회상한다고 해서 현실이 나아지는 것은 아니다. 오히려 과거와 비교하면서 지금의 현실이 더 비참해질 수 있다. 행복은 미래에도 있지 않다. 앞으로 어떤 일이 일어날지는 전혀 알 수 없다. 행복은 오직 현재에 있다. 따뜻한 햇살, 아이의 웃음, 편안한 옷, 꽃향기, 산들바람….

만약 항상 현재에 집중할 수 있다면, 행복한 사람이다.

파울로 코엘료

함께라면
어둠을 견딜 수 있습니다

헬렌 켈러는 두 눈으로 세상으로 볼 수 없었지만 설리번 선생님을 통해 세상을 알았다. 그녀는 장애인들을 위한 복지 및 교육에 앞장섰고, 미국 시각장애인들을 위해 모금 운동을 했다. 또한 장애인뿐 아니라 노동자, 여성 등 사회적인 약자들에 대한 인권운동을 펼쳤다. 그녀는 평생을 어둠 속에 살았지만, 친구 같은 선생님을 통해 장애를 이겨내고 빛나는 삶을 얻었다.

친구와 함께 어둠 속을 걷는 것이
홀로 빛 속을 걷는 것보다 낫다.

|

헬렌 켈러

노력이 무의미하게
느껴질 때

아무리 열심히 노력해도 일이 뜻대로 되지 않는 시기가 있다. 어깨가 빠지도록 죽어라 노를 젓고 있는데 돛단배가 앞으로 가지 않는다. 오히려 역풍을 맞아 뒤로 밀려나기도 한다. 그런 시기도 있으니 괜찮다. 그럴 때는 더 열심히 하면 된다. 그런 일이 있어선 안 된다며 좌절하지 말자. 가슴속의 에너지를 부정적인 감정에 집중하면 '이렇게 열심히 사는 게 무슨 소용 이야' 하는 생각에 나태해진다. 게을러지고 싶은 이유를 만들지 말자.

스트레스나 역경의 시기에는 바쁘게 지내는 것이 가장 좋다.
가슴속 분노와 에너지를 긍정적인 것으로 일구어라.

리 아이아코카

신념은
용기의 뿌리입니다

넬슨 만델라는 남아프리카공화국 최초의 흑인 대통령이자 인권운동가다. 그는 흑인의 차별에 반대하는 인권운동을 벌이다가 세 차례 체포되었고, 무려 27년간 복역했다. 그는 인종차별정책의 종식과 남아프리카공화국의 유지라는 두 마리 토끼를 잡기 위해, 백인 정부와 강경한 흑인 사이를 중재했다. 민주 선거를 관철시켜 1993년 노벨평화상을 수상했다. 그는 평생 백인과 흑인 모두에게서 위협을 받았지만, 자신의 신념을 이루기 위해 두려움을 정복했다.

용기는 두려움의 부재가 아니라 두려움을 이겨내는 것이다.
용기 있는 사람은 두려움을 느끼지 않는 자가 아니라
그것을 정복하는 자다.
|
넬슨 만델라

진짜 원하는 일을 찾는 과정은
쉽지 않습니다

청소년은 '내가 정말 원하는 일이 뭔지 모르겠어요'라고 고민하고, 중년은 '남은 인생을 뭘 하고 살아야 할지 모르겠어요'라고 고민한다. 사람들은 누구나 자신에게 가치 있는 일, 내면이 정말 원하는 일을 알고 싶어 한다. 진짜 할 일이 무엇인지 찾은 사람을 운이 좋은 사람이라고 하기도 한다. 그런데 한번 묻고 싶다. 쉬운 일만 찾고 있는 것이 아니냐고 말이다.

모든 고귀한 일은 찾기 드문 만큼 실행하기도 어렵다.

스피노자

우리가 감정을
계산하게 되는 이유

누군가에게 선뜻 사랑한다는 말을 꺼내기 어려운 이유는 거부당할지도 모른다는 두려움 때문이다. 두려움은 움츠러들게 하고, 내면의 감정을 있는 그대로 드러내지 못하게 한다. 아이들은 감정을 표현하는 데 두려움이 없다. 슬프면 슬프다, 속상하면 속상하다, 좋으면 좋다고 표현한다. 그것이 인간의 진실한 모습이며 용기 있는 행동이다. 아이처럼 용기 있는 자가 사랑을 표현할 수 있다.

겁쟁이는 사랑의 감정을 드러내지 못한다.
그것은 용기 있는 자의 특권이다.
|
마하트마 간디

눈송이 하나하나가 다르듯
사람도 저마다 다릅니다

한겨울, 하늘에서 내리는 눈은 모두 비슷해 보이지만 눈송이 하나하나를 확대해보면 저마다 모양이 독특하다. 사람은 모두 눈, 코, 입이 있지만, 자세히 보면 구체적인 생김새는 저마다 다르다. 인간은 모두 유일하고 독특한 존재다. 그 누구도 다른 사람과 단순한 비교대상이 될 수 없다. 내가 누구인지 생각해보자. 눈치 보지 말고 있는 그대로의 나를 표현하자. 그것이 당신이 세상에 존재하는 이유다.

자신이 독특한 존재라는 사실을 항상 기억하라.
당신이 해야 할 일은 사람들에게
당신이 누구인지 있는 그대로를 보여주는 것이다.
|
밀턴 에릭슨

미래는 걱정하는 것이 아니라
준비하는 것이 현명합니다

미래는 걱정의 대상이 아니다. 담담하게 맞이하는 것, 있는 그대로 겪어내는 것이다. 미래를 걱정한다고 해서 나아지는 것은 아무것도 없다. 일어나지도 않은 일을 고민하느니 그 에너지를 현재에 쏟는 것이 낫다. 그 누구도 미래에 대해서는 장담할 수 없다. 아무리 뛰어난 사람도 미래를 예측하거나 완벽하게 대비할 수 없다. 현재에 집중하면서 의미 있는 행동을 하는 것이 미래를 준비하는 가장 확실한 길이다.

나는 절대 미래에 대해 생각하지 않는다. 어차피 곧 닥치니까.

알베르트 아인슈타인

내게 맞는 것을
추구해야 합니다

니체는 세상을 '권력에의 의지'라고 정의했다. 돈, 명예, 정치권력, 성공 등 다양한 형태의 '힘'을 추구하는 것이 인간의 본성이다. 이렇게 권력을 얻으려는 것 자체는 나쁜 것이 아니다. 더 나은 나를 위해 성장하는 좋은 모습이다. 하지만 본성에 맞지 않는 힘을 추구한다면 삶에 균열이 생긴다. 그 틈은 처음에는 작아도 어느새 걷잡을 수 없을 만큼 커져버려 자신을 무너뜨릴 수 있다. 자신의 본성을 잃지 않을 만큼의 힘을 구하자.

이 세상은 권력에의 의지다. 그 외에는 아무것도 없다.

|

프리드리히 니체

자신을 믿지 못하면
누구도 나를 믿어주지 않습니다

세상에서 당신을 가장 믿어줄 존재는 바로 당신 자신이다. 조선 후기 실학자 다산 정약용은 19년간 유배 생활 동안 500여 권의 책을 저술했다. 하지만 흑산도에 유배된 형 정약전을 제외하고는 가족들조차 그를 이해하지 못했다. 그는 자신에 대한 신뢰를 잃지 않고 복숭아뼈가 뭉개지도록 자리에 앉아 집필을 멈추지 않았다. 강한 확신은 사람을 끌어당긴다. 하지만 스스로 자신에 대한 신뢰를 잃으면 그 누구도 당신을 믿어주지 않을 것이다.

자신에 대한 신뢰를 잃으면 온 우주가 나의 적이 된다.

|

랠프 월도 에머슨

나는 누구인가?라는
질문의 답

매슬로는 인간의 욕구를 다섯 단계로 나누었다. 생리 욕구, 안전 욕구, 애정·소속의 욕구, 존경의 욕구, 자아실현의 욕구가 바로 그것이다. 이 중에서 가장 높은 단계의 욕구가 자아실현의 욕구다. '나는 누구인가?', '나는 무엇을 하기 위해 태어났을까?' 하는 근본적인 질문에 대한 답을 삶을 통해 풀어나가야 하는 것이 인간의 숙명이다. 각자의 자아와 끊임없이 대화하면서 답을 찾아가는 것이 우리 인생이다.

삶의 목적은 자기계발이다. 자신의 본성을 완벽하게 실현하는 것,
바로 그 목적을 위해 우리가 지금 여기 존재한다.

오스카 와일드

꾸준함이 곧 탁월함입니다

성공하는 길은 하나밖에 없다. 성공하려는 분야에서 누구도 따라오지 못할 만큼 탁월해지면 성공할 수밖에 없다. 나의 가치가 기하급수적으로 높아지기 때문이다. 탁월함을 발휘하는 사람은 참는 힘이 강하다. 작은 실패에 의기소침해지고 실망하지 않는다. 쉽게 실망하는 사람은 평범함에 머물고 만다. 탁월함은 훈련과 습관으로 만들어진다. 꾸준히 훈련하고 연습했는데도 이루지 못할 일은 없다.

실패하는 방법은 여러 가지다.
하지만 성공하는 방법은 오직 하나다.
|
아리스토텔레스

삶을 새롭게
시작하는 방법

어제와 똑같은 방식으로 생각하고, 세상을 비슷한 시선으로 바라보면서 삶을 바꾸려고 시도한들 소용없다. 전 세계적으로 유명한 변화 심리학 권위자이자 동기부여 강사인 앤서니 라빈스는 빌딩 청소부로 지내던 시절, 비참한 현실에 죽음까지 생각했다. 하지만 수백 권의 책을 읽으면서 생각을 바꾸고 세상을 새로운 관점으로 바라보면서 자신의 삶을 180도 바꿨다. 그 경험을 바탕으로 쓴 책으로 베스트셀러 작가가 되었으며 세계적인 컨설턴트로 살아가고 있다.

사물을 새롭게 보는 것이 새로운 삶을 시작하는 것이다.

에픽테토스

행동이 없다면
희망은 껍데기에 불과합니다

행동 없는 희망은 껍데기다. 현실로 이루어질 가능성이 없기 때문이다. 빅터 프랭클은 2차 세계대전 당시 나치의 아우슈비츠 수용소에 끌려간 유대인 의사였다. 그는 가족과 반드시 만날 수 있다는 희망을 품고 수용소 생활을 견뎠다. 그는 수용소 안에서 의사로 일하면서 동료들에게 희망을 갖도록 조언해주고, 실제로 탈출을 시도하는 등 희망을 버리지 않았다.

희망이란 그저 행동하겠다는 선택이다.

안나 라페

항상 깨어 있는 눈으로
현실을 바라봐야 합니다

인간의 감각은 신기하리만큼 섬세하기도 하고 둔감하기도 하다. 사람들은 눈으로 볼 수 있는 모든 것을 인지하지는 못한다. 분명히 같은 장소에서 동일한 것을 보았는데도 저마다 기억이 다르다. 사람마다 관심사가 달라서 그 순간 각자 다른 것에 주의를 기울이기 때문이다. 주의를 집중하지 않으면 감각으로 받아들이는 정보를 정확하게 인지하지 못하는 것이다. 이것은 자신의 삶에 대해서도 마찬가지다. 문제의식을 갖고 예리하게 관찰해야 개선할 점을 찾을 수 있다.

무언가 좋지 않다고 느낄 수 있는 사람들만 개선을 만들어낼 수 있다.

프리드리히 니체

휩쓸리지 않고
거슬러 오르는 삶

횟집 앞에 전시된 수조에는 살아서 헤엄치는 물고기들이 있다. 그런데 너무 오랫동안 갇혀 있던 물고기가 죽어서 둥둥 떠다니는 경우가 종종 있다. 죽은 물고기는 다른 물고기에 부딪히기도 하고, 산소 공급기에서 나오는 물거품에 밀려 수조 속을 빙빙 돌기도 한다. 주어진 상황에만 맞게 순응하며 용기 내지 못하는 삶은 죽은 물고기와 같다. 가야 할 곳이 있다면 강을 거꾸로 오르는 연어처럼 흐름을 거슬러야 한다.

용기의 반대말은 비겁함이 아니라 순응이다.
죽은 물고기조차 흐름을 따라갈 수 있지 않은가.
|
짐 하이타워

무엇보다도 중요한 것은
나의 목소리

세상은 논리로만 살 수 없다. 현실적인 조건이나 상황, 이성적이고 논리적인 판단을 완전히 무시할 수는 없지만, 그런 것들은 결국 참고사항일 뿐이다. 진짜는 내 안에 있다. 내 안의 목소리는 언제나 나에게 가장 알맞은 것, 필요한 것을 알려준다. 아무리 논리적으로 이쪽으로 가는 것이 이익이라고 판단하더라도 내면의 목소리는 다른 곳을 가리킬 때가 있다. 그때는 반드시 그 작은 소리를 놓치지 말고 들어야 한다.

이 세상에서 내가 받아들이는 유일한 독재자는
내 안의 작은 목소리뿐이다.

|

마하트마 간디

2부

7장

나만의 기본을 새긴다

세상의 모든 것은
잠시 빌리는 것뿐입니다

우리는 살아가면서 모든 것을 빌린다. 음식, 물, 공기, 햇빛 등 자연이 준 것뿐 아니라 집, 자동차, 옷 등 다른 사람이 만든 것까지 빌린다. 완전한 소유는 없다. 가족과 친구 등 수많은 인간관계도 잠시 스쳐가는 것이다. 잃는 것은 없다. 다시 제자리로 돌아가는 것이다.

그 무엇에 대해서도 결코 "그것을 잃었다"라고 말하지 말라.
"되돌려주었다"라고 말하라.

|

에픽테토스

삶은
끊임없는 투쟁입니다

어떤 면에서 삶은 쉬지 않고 무엇인가를 얻기 위해 싸우는 투쟁의 과정이다. 학교에서는 공부를 통해 자신을 증명해야 한다. 직장인들은 먹고살기 위해 돈을 벌고, 그 돈을 불리기 위해 동분서주한다. 우리는 평생 이런저런 괴물과 싸워야 한다. 그런데 이 과정에서 자신을 잃어버리면 안 된다. 노력과 투쟁은 성장을 위한 것이어야 한다.

괴물과 싸우는 자는
자신마저 괴물이 되지 않도록 주의해야 한다.

|

프리드리히 니체

아첨하는 자를
경계해야 합니다

아첨하는 자는 믿을 수 없다. 아첨은 자신의 속마음과는 다르게 거짓을 말하거나 과장해서 말하는 것이다. 옳고 그름이 기준이 아니라 상황과 상대의 기분이 기준이 된다. 공자도 "아첨하는 자 중에는 의로운 사람이 드물다"라고 했다. 꿀 같은 혓바닥을 가진 사람은 상대의 기분을 맞추고 그들은 남의 단점을 크게 부풀리는 데 능하다.

아첨하는 법을 아는 사람은 타인을 헐뜯는 법도 잘 알고 있다.

나폴레옹 보나파르트

스스로 만든 감옥에서
벗어나야 합니다

운명이 우리의 삶을 통제하는 것이 아니다. 운명에 대한 믿음이 울타리를 만든다. 스스로 인정했을 때 운명이 힘을 갖는다. 운명은 자신의 믿음이다. '나는 혼자 힘으로 살아야 하는 운명이야', '나는 이별수가 많아', '나는 재물운이 없어'라는 식의 자기 세뇌가 현실로 펼쳐진다. 인간이 스스로 규정하는 것이 운명인 것이다.

인간이 벗어나지 못할 운명의 굴레는 없다.
|
존 F. 케네디

위험 또한
삶의 일부입니다

태어나자마자 무균실에서 자랐다면 대기에 노출되는 순간 수많은 질병에 걸려 바로 목숨을 잃을지도 모른다. 아이는 자연 속에서 크고 작은 위험에 노출되는 편이 더 강하게 자란다. 우리의 삶도 마찬가지다. 실패나 위험이 없는 삶이란 없다. 실패와 위험을 자연스럽게 삶의 일부분으로 받아들여야 성장할 수 있다. 모든 위험을 피하려는 시도는 삶을 포기하는 것과 같다.

삶은 위험의 연속이다.
|
다이앤 프롤로브

미래를
어떻게 바라볼 것인가

미래에 사로잡히는 것은 과거를 후회하며 시간을 낭비하는 것만큼
이나 위험하다. 우리는 종종 두 가지 방식으로 미래에 정신을 빼앗
긴다. 하나는 알 수 없는 미래를 지나치게 두려워하는 것이고, 다른
하나는 미래에 달성할 목표만을 생각하면서 현재를 희생하는 것이
다. 미래에 대해 지나치게 두려워하면 지금 해야 할 것을 놓치게 되
고, 목표만을 바라보고 달려가다 보면 바로 곁에 있는 소중한 것을
바라볼 여유가 없게 된다.

미래에 사로잡혀 있으면 현재를 있는 그대로 볼 수 없다.
|
에릭 호퍼

패배는 빨리 인정하고
다시 일어서야 합니다

패배는 일시적이다. 패배를 빨리 인정하고 도전정신으로 무장해 밀고 나가면 승리를 경험할 수 있다. 하지만 패배한 경험 때문에 절망해 포기해버리면 패배 상태가 이어진다. 실패했다고 멈춰버리면 아무것도 이룰 수 없다. 승리한 사람은 능력이 뛰어나거나 운이 좋은 사람이라기보다 포기하지 않는 사람이다.

패배당하는 것은 일시적인 상태다.
포기하는 것은 그것을 영원히 지속되게 하는 것이다.
|
메릴린 보스 사반트

자신을 제대로 이해하는 사람일수록
고독을 즐깁니다

홀로 존재하는 고독을 견딜 수 있는 사람은 자신과 대화할 수 있는 사람이다. 다른 사람이 있으면 있는 대로, 없으면 없는 대로 시간을 견뎌낸다. 자신만의 이상이 있어서, 외로움 속에서 허우적대지 않고 고독을 즐기며 그 속에서 자신이 해야 할 일을 묵묵히 해나간다. 오히려 고독의 시간이 짧아지는 것을 환영하지 않는다.

외로움은 오직 홀로 존재하는 고독을
견딜 수 있는 사람에 의해서만 정복된다.

|

폴 틸리히

좌절은 더 잘할 것이라는
신호입니다

현재보다 더 잘하려면 몇 가지 조건이 필요하다. 운이 좋든지, 더 좋은 기회를 만나든지, 누군가의 도움을 받든지, 자신의 능력을 더 계발해야 한다. 좌절은 자신의 능력을 더 계발하라는 신호다. 괴로움이 없으면 성장이 없다. 비바람을 이겨낸 화초와 나무가 더 멋진 꽃을 피우고 탐스러운 열매를 맺는다.

좌절의 메시지는 흥미진진한 신호다.
그것은 두뇌가 당신을 믿는다는 것이다.
현재 상태보다 더 잘 수 있을 것이라고.

앤서니 라빈스

당근과 채찍보다
더 강력한 것

짐승을 원하는 대로 부리려면 당근과 채찍이 필요하다. 달콤한 보상을 주면서 어떤 것을 해야 하는지 조련한다. 때로는 가혹한 채찍질로 어떤 일은 하면 안 되는지 가르친다. 그런데 사람은 자율성을 가진 존재다. 스스로 깨닫고 실천해야 지속할 수 있다. 자발적인 동기부여만이 오래갈 수 있다.

두려움이나 보상에 의한 동기부여는 일시적이다.
자발적인 동기부여만이 지속되는 것이다.

|

호머 라이스

미소는 관계를
끈끈하게 해줍니다

가까운 사이일수록 사랑을 더욱 끈끈하게 해주는 따스함이 필요하다. 아침에 눈뜨며 건네는 잘 잤냐는 한마디, 그윽한 눈길, 은은한 미소. 늘 이런 따스함이 있다면 행복은 멀리 있지 않다. 재정, 건강, 일 등 마음대로 되지 않는 문제 때문에 소중한 사람들에게 미소 짓기 어렵다면, 미소 짓지 못할 이유는 수백 가지가 아닐까. 살면서 맞닥뜨리는 문제 앞에서도 소중한 그 사람에게 미소 짓는 이유는 한 가지다. 사랑하기 때문이다.

미소 짓기 어려울 때라도 서로를 미소로 대해주세요.
가족과 함께 하는 시간을 가져보세요.

|

마더 테레사

내 삶의 주인이 되고 싶다면
내면에 집중해야 합니다

하고 싶은 일이 있으면 지금 당장 하자. 다른 사람의 시선을 신경 쓰면서 '언젠가는…'이라는 가능성만을 남겨둔다면 1, 2년이 아니라 평생 미뤄질지도 모른다. 정말 시간이 없거나 능력이 부족해서 미룬 것일까? 내면의 목소리를 외면한 것이 아닐까? 시간이 없으면 시간을 내면 되고 능력이 부족하면 능력을 계발하면 된다. 그런데 내면의 목 소리를 한번 외면하면 다시 그것에 귀 기울이는 데 평생이 걸리지도 모른다.

다른 사람의 시선을 신경 쓰면서 어떤 일에 대한 가능성을 남기지 마라.
그러면 당신은 남은 평생 그 일을 미루게 될 것이다.

|

알프레드 아들러

좌절할 것도
피할 것도 없습니다

세상은 아름답기만 한 것이 아니다. 그렇다고 지옥도 아니다. 적당한 사랑, 어느 정도의 정의, 상당한 고통과 불의가 공존하는 곳이 세상이다. 좌절할 것도 피할 것도 없다. 있는 그대로의 세상을 바라보자. 세상의 본질을 깨우치고 허용하면 고개를 아래로 떨굴 일은 없다. 사는 것이 만만치 않다고, 마음대로 되는 것이 하나도 없다고 좌절하거나 지레 섬벅시 말자. 운명의 흐름을 타고 자연스럽게 흘러가자.

❃

절대 고개를 아래로 떨구지 말라.
높이 치켜들고 세상을 똑바로 바라보라.

|

헬렌 켈러

자세를 바꾸기만 해도
마음이 달라집니다

인간의 뇌는 실제와 허상을 구분하지 못한다. 기분이 좋아서 웃어도 아무 일 없이 웃어도 뇌에서는 똑같이 엔도르핀이 나온다. 자신감을 끌어올리고 싶다면 지금 바로 자신감 넘치는 포즈를 취해보자. 그러면 뇌는 긍정적인 호르몬을 분비시킬 것이다. 몸과 마음은 연결되어 있다. 원하는 마음 상태가 되고 싶다면 몸을 활용해보자.

자신감 넘치는 포즈를 취하면 실제로 긍정적인 호르몬이 분비된다.

로버트 치알디니

내가 아는 것을
그대로 실천하면 됩니다

앎은 실천할 때 빛난다. 아이들은 아는 것, 배운 것을 그대로 실천한다. 가령 신호등이 빨간 불일 때는 건너지 않고, 녹색 불이 들어와야 한쪽 손을 들고 건넌다. 아이들은 그렇게 해야 한다고 알고 있는 것을 그대로 실천할 뿐이다. 계산하거나 조급해하지 않는다. 하지만 나이를 먹으면서 달라진다. 빨리 가려는 욕심 때문에, 남보다 뒤처질지 모른다는 두려움 때문에 원칙을 뒷전으로 하고 요행을 부린다.

아는 자들이여, 실천하라.
|
아리스토텔레스

확고한 목표가 있다면
결코 흔들리지 않습니다

성공하는 사람은 작은 성취에 쉽게 들뜨지도, 작은 실패에 무너지지도 않는다. 그들은 우선 확고한 목표를 세우고 그것을 이룰 때까지 지치지 않고 시도한다. 중간에 장애물이 나타나는 것은 당연한 일이다. 고난과 시련을 만난다면 새로운 방법을 찾아서 시도하자. 그래도 극복할 수 없다면 그 원인을 분석하고 해야 할 일을 다시 찾자.

성공의 커다란 비밀은
결코 지치지 않는 인간으로 인생을 살아가는 것이다.

알버트 슈바이처

새로운 세상을 여는 것은
새로운 생각입니다

현재 수준의 세상에 머물러 있는 사람들은 더 큰 세상을 꿈꾸는 사람들을 비웃기 쉽다. 테슬라의 일론 머스크는 2002년, 인류의 화성 이주와 상업용 우주개발 시대를 열겠다고 선언했다. 당시 많은 사람이 그의 말을 귀담아듣지 않았다. 하지만 실제로 그가 로켓 제작비를 획기적으로 낮추고 민간 주도의 우주산업 시대를 열고 있는 지금, 그를 조롱했던 사람들은 앞다투어 테슬라 주식을 사고 있다.

작은 생각만큼 성취를 제한하는 것이 없다.
자유로운 생각만큼 가능성을 확장하는 것이 없다.

|

윌리엄 아서 워드

꿈은 전시용이 아닙니다

다이어리나 노트에 버킷리스트를 빼곡하게 적어두거나 비전 보드를 만들어 자신이 원하는 모습의 이미지를 덕지덕지 붙인다고 삶이 바뀌지는 않는다. 꿈을 쓰고 이루어진 것처럼 상상하는 것은 그 꿈이 잘 이루어질 수 있는 환경만을 만들어준다. 실제로 꿈을 실현하기 위해서는 행동해야 한다. 노를 저어야 한다. 꿈은 전시용이 아니다.

꿈을 기록하는 것이 목표였던 적은 없었다.
꿈을 실현하는 것이 나의 목표다.
|
만 레이

변화를 적극적으로
받아들이는 자세

어떤 상황이나 문제를 피하려고 하면 마음이 불편해진다. 하지만 그 상황을 수용하면 마음이 가벼워지고 문제의 해결책도 보인다. 변화를 받아들이는 것은 상황을 정면으로 마주하는 것이다. 이것은 어쩔 수 없다는 체념과는 다르다. 적극적으로 상황을 인정하고 변화를 받아들이면 마음 그릇이 커지면서 상황을 주도할 수 있는 힘과 의지가 조금씩 샘솟을 것이다.

특별한 사람들만 의지력이 있는 것이 아니다.
변화할 준비가 된 사람과 그렇지 않은 사람이 있을 뿐이다.
|
제임스 고든

실수하더라도 해보려는 태도가
나를 성장시킵니다

세상에 꼭 필요한 사람은 좌충우돌하면서 때로는 실수하더라도 자신과 다른 사람들의 성장과 개선을 위해 행동하는 사람이다. 그 행동의 결과가 실수일 수도 있고, 멋진 성공일 수도 있지만, 그 과정에서 지식과 경험을 쌓아갈 수 있다. 심각한 죄를 짓거나 악을 행하지 않는 한 행동하는 것이 아무것도 하지 않는 것보다 낫다.

실수하면서 보낸 인생은
아무것도 하지 않고 낭비한 인생보다
존경스러울 뿐 아니라 유익하다.

조지 버나드 쇼

마음의 소란함을
잠재우는 방법

우리가 살면서 경험하는 것들은 우주의 섭리로 자연스럽게 흘러들어 온다. 경험을 통해 어떤 것을 배울 것인가는 각자에게 달려 있다. 마음이 소란한 것은 사건에 대한 자신의 의견이 뾰족하기 때문이다. 매번 행복을 선택할 수는 없겠지만, 되도록 긍정적인 견해를 가져보자. 가능하다면 아무런 판단도 하지 않는 것도 좋다.

마음의 소란함은 오직 당신의 의견에서 비롯된다.
|
마르쿠스 아우렐리우스

자신의 감정을
제대로 바라봐야 합니다

말을 할 때 다른 사람을 생각하지 않을 수는 없다. 상대를 배려하고 예의를 지키는 것은 건강한 인간관계를 위해 꼭 필요한 태도다. 하지만 지나치게 다른 사람을 의식하면 정작 해야 할 말을 못하는 경우가 생긴다. 진심을 드러내놓지 못하고 역할에 맞는 사회적인 가면을 쓴 채 오랜 시간 지나면, 마치 그 가면이 꾸며낸 감정을 자신의 진짜 감정으로 착각하는 수가 있다. 꼭 필요한 말은 주변 사람의 눈치를 보지 말고 해야 한다.

언제나 다른 사람들을 만족시키는 데에 신경 쓰지 않고
마음껏 말할 수 있는 자는 행운아다.

|

단테 알리기에리

꺾이지 않는 신념으로
살아간다는 것

상황이 자신에게 유리한지, 그렇지 않은지에 따라 바뀌는 믿음은 신념이 아니다. 신념은 상황이 불리하다고 외면할 수 있는 것이 아니다. 승패가 중요한 것이 아니라 신념을 지키는 것이 중요하다. 소크라테스는 죽음을 맞이할 것임을 알면서도 '정의롭게 살겠다'라는 신념을 지켰다.

투쟁에서 질 가능성 때문에
옳다고 믿는 신념을 외면해서는 안 된다.

에이브러햄 링컨

위험을 감수하되
반드시 미리 계산해야 합니다

기업이든 개인이든 새로운 일을 진행할 때 처음부터 수익을 내기는 어렵다. 그 분야를 공부하고 준비하는 데 시간과 돈이 든다. 손익분기점에 이를 때까지는 어쩔 수 없이 수익보다 지출이 많다. 손익분기점에 도달하기 전까지는 견뎌야 한다. 이것은 아무런 전략이나 계획 없이 무모하게 덤벼 손해를 입는 것과는 다르다. 새로운 일을 시작할 때는 위험을 감수하겠다는 생각만 가지고는 안 된다. 반드시 위험을 예측하고 계산해야 한다.

계산된 위험은 감수하라.
이것은 단순히 무모한 것과는 완전히 다른 것이다.
|
조지 S. 패튼

현재를 직시해야
미래를 도모할 수 있습니다

과거를 아무리 애처롭게 생각해도 이미 우리의 손을 떠난 것이다. 과거는 잊어버리는 것이 상책이다. 다만 과거의 사건으로 생긴 부정적인 감정은 어디엔가 남아 있다. 슬픔, 수치심, 자책감 등의 감정을 그대로 두면 두고두고 우리를 괴롭힌다. 과거의 감정은 안아주되 오직 현재만이 나의 것이다. 현재가 만족스러우면 즐기고 불만족스러우면 개선하자. 미래는 알 수 없는 영역이다. 좋은 미래를 위해 준비하되 두려움을 갖지 말고 맞이하자.

과거를 애절하게 바라보지 마라. 다시 돌아오지 않는다.
현재를 현명하게 개선하라. 현재는 당신의 것이다.
두려움 없이 어렴풋한 미래를 나아가 맞으라.

헨리 워즈워스 롱펠로

말을 아껴야 할 때와
꼭 해야 할 때를 알아야 합니다

말을 아껴야 할 때가 있고, 꼭 말을 해야 할 때가 있다. 다른 사람에 대한 비난이나 쓸데없는 소문을 퍼나르는 일에는 말을 아껴야 한다. 하지만 정의와 양심을 위해서는 말을 아끼지 말아야 한다. 올바르지 않은 일이 자행되는 악의 현장에서의 침묵은 비겁하다. 그것에 암묵적으로 동조하는 것으로 여겨질 수 있기 때문이다. 악의 현장에서 침묵하지 않는 사람이 많아질 때 세상은 좀 더 정의로워질 것이다.

악의 현장에서 침묵하는 자들의 존재는
흐릿한 선과 악의 경계를 더욱더 희미하게 한다.
|
필립 짐바르도

내 삶의 비전은
스스로 구해야 합니다

확신을 갖고 행동하려면 명확한 비전이 있어야 한다. 비전은 다른 사람에게서 주어지는 것이 아니라 스스로 개발하는 것이다. 보통 사람들은 애매한 소원을 품지만 위대한 사람들은 명확한 목적을 갖는다. 목적지가 명확하고 그곳에 이르는 계획이 구체적이면 활력이 샘솟는다.

긍정적인 행동을 취하기 위해 먼저 긍정적인 비전을 개발해야 한다.

|

달라이 라마

혼자 있는 시간이
친구가 될 수 있습니다

항상 우리 곁에 있으면서 자신의 시간을 내어주고, 기분을 맞춰주고, 이야기를 들어줄 수 있는 사람은 드물다. 그런 사람이 곁에 있다면 감사하게 그 시간을 즐기되, 그 시간이 영원히 지속될 거라고 착각하지 말자. 고독이라는 친구는 항상 내 곁에 있다. 아침 해가 떠오르기 직전 고요히 명상할 때, 숲길을 홀로 천천히 걸어갈 때, 슬퍼서 흐느껴 울 때, 항상 내 안의 목소리를 들어주는 친구는 고독뿐이다.

나는 고독만큼 다정한 동반자를 결코 찾지 못했다.

|

헨리 데이비드 소로

결과만 추구한다면
좌절을 겪을 수밖에 없습니다

원하는 결과는 자신에게 가장 알맞은 때에 얻을 수 있는 것이지, 정해진 시간에 오는 것이 아니다. 원하는 결과를 얻을 수 있을지 여부와 시점은 완전히 내맡겨야 한다. 결과를 얻기 위한 과정에서 자신이 성장하는 것을 보람으로 생각한다면 매번 성취감을 느끼면서 살아갈 수 있다. 그러다 보면 어느새 원하는 결과를 이룬 자신을 발견할 수 있을 것이다.

결과를 추구하는 삶은 자신에게 지속적인 좌절을 선고하는 것이다.
유일하고 확실한 보상은 나의 행동 속에 있지,
결과에서 오는 것이 아니다.

|

휴 프래더

열망으로 탁월함의 문을
두드려야 합니다

어미 새가 벌레를 잡아와 새끼들에게 나누어줄 때, 달라고 있는 힘껏 울부짖는 새끼에게 먼저 눈길이 갈 수밖에 없다. 자신이 가진 능력을 최대한으로 계발해, 성공하고 행복해지겠다는 열망을 가져야 탁월함에 이를 수 있다. 간절하게 잠재력을 깨우자. 그러면 원하는 것을 얻고 성공할 수 있다.

승리에의 의지, 성공의 욕망, 잠재력을 완전히 발현하려는 충동이
탁월함의 문을 여는 열쇠다.
|
공자

누군가를 알고 싶다면
그 주변을 봐야 합니다

그 사람을 알고 싶다면 그 사람이 친하게 지내는 주변 사람을 보면
된다. 가족은 선호하는 것이나 추구하는 바가 달라도 관계가 유지
되지만 친구는 취향이나 가치관이 다르면 관계를 지속하기 어렵다.
취향이 다르면 함께 시간을 보낼 일이 적고, 가치관이 다르면 대화
를 지속하기 어렵기 때문이다. 친구는 철저히 그 사람의 취향과 가
치관을 대변한다.

우리는 사랑하는 친구들에 의해 알려진다.

윌리엄 셰익스피어

나 자신의 것이 아닌
다른 것은 내세우지 말아야 합니다

잘난 척은 자신의 본래 모습보다 더 좋게 인정받으려는 목적에서 하는 행동이다. 자신이 가진 것을 내세워 자랑하는 모습은 볼썽사납다. 정말 자랑할 만한 장점이 있다면 애쓰지 않아도 자연스럽게 주변 사람들이 인정해준다.

어떤 것이든 당신 자신이 아닌
다른 대상의 장점을 내세워 잘난 척하지 마라.

에픽테토스

용기와 허세를
구분해야 합니다

허세 부리는 사람은 실속이 없다. 한번 겁주면 나가떨어지는 객기에 사로잡혀 있다. 어린 나이에는 혈기로 허세를 부릴 수도 있다. 하지만 지긋한 나이까지 진중하지 못하고 허세를 부리는 사람은 꼴불견이다. 이런 사람들은 다른 사람에게 인정받고 싶은 욕구가 지나쳐 절제하지 못한다. '관심 종자', '관심 병자' 등으로 불리고 싶지 않다면 허세에 주의하자.

용기를 갖되 허세 부리지 말라.
|
메난드로스

8장

날마다 더 나은 삶을 만든다

새벽의 노력이 쌓여
삶의 기적을 만듭니다

자신을 변화시키고 싶다면 한 가지라도 좋은 습관을 지금 당장 실천하는 것이 좋다. 생각만 해서는 변화가 일어나지 않는다. 운동도 좋고 공부도 좋다. 자신이 좋아하는 일을 하면서 하루를 시작해보자. 처음에는 힘들겠지만, 이것이 습관이 되면 삶이 풍요로워진다.

동트기 전에 일어나는 것은 좋은 습관이다.
그런 습관은 건강, 부, 지혜에 기여한다.
|
아리스토텔레스

혼자 있어도
완전할 수 있습니다

동양철학에서는 하나가 둘이 되고, 둘이 넷이 되고, 넷이 여덟이 되면서 세상이 분화, 생성되었다고 설명한다. 8괘의 기원은 결국 하나인 태극이다. 우리는 독립적으로 존재하길 원하면서도 하나였던 본래의 근원으로 돌아가기를 소망하며 그 욕구가 좌절되는 것을 두려워한다. 어떤 것의 일부가 되고 싶은 욕망, 어딘가에 속하고 싶은 욕망이 두려움의 근원이다. 두려움을 이겨내는 방법은 혼자 있어도 완전할 수 있음을 깨닫는 것이다.

우리는 혼자 있는 것을 두려워한다.
어떤 것의 일부가 되고 싶어 한다.
|
해리 벡위드

자기 자신과 평화를 이루어야 합니다

내면이 충만한 사람은 자기 자신과 온전히 화해하면서 평화롭게 지낸다. 다른 사람과 싸우지 않고 누군가를 부러워하지 않으며 운명을 저주하지도 않는다. 하지만 자아와 조화를 이루지 못한 사람은 항상 바깥에서 답을 구하려 한다. 변화하는 조건이나 상황에 마음이 오락가락하고, 자신이 무엇을 원하는지도 모르며, 죽을 때까지 삶의 목적을 정의하지 못한 채 두려움 속에 살아간다.

사람들이 두려움을 느끼는 것은 자신과 조화를 이루지 못하기 때문이다.
자기 자신에게 귀의하지 않기 때문이다.

|

헤르만 헤세

나를 깎아내리는 말에는
가치를 두지 않습니다

상대의 말, 행동, 표정을 곱씹으면서 괴로워하지 말자. 그것들에 흔들릴수록 상대의 좋지 않은 의도에 놀아나는 것이다. 상대에게 배울 점이 있다면 그것만 취하자. 상대는 자신이 무엇을 말하는지도 모르고 말을 내뱉는 경우도 많다. 그가 중요하게 여기는 가치를 생각해보면 얼마나 유치한지 깨닫고 피식 웃음이 나올 것이다.

모욕당하는 방법은 그것에 굴복하는 것이다.

|

윌리엄 해즐릿

다른 사람의 마음에 들기 위해
행동하지 않습니다

사람은 대부분 어릴 때부터 타인에게 예의를 지키고 피해를 주지 말라고 교육받아왔다. 이런 가르침이 틀린 것은 아니지만 자칫 행동을 제약하는 고정관념의 원인이 될 수 있다. '내 행동은 다른 사람의 마음에 들어야만 해', '미움받을 만한 행동은 하면 안 돼'라며 타인의 반응에 지나치게 신경 쓴다. 다른 사람의 반응은 내가 통제할 수 있는 것이 아닌네도 좋은 반응 을 얻기 위해 가면을 쓴다.

사람들은 타인의 반응에 신경 쓴다.
그리고 스스로를 연출하면서 타인을 통제하려고 한다.

|

어빙 고프만

결과보다 노력의 과정을
주목해야 합니다

우리는 성공한 누군가를 부러워할 때 그 사람이 그것을 얻기 위해서 어떤 과정을 거쳤는지, 얼마나 노력했는지에는 크게 관심을 두지 않는 것 같다. '운이 좋았겠지', '좋은 부모를 만났겠지'라고 지레짐작한다. 한 분야에서 탁월한 성과를 낸 사람은 보통 사람들이 상상할 수 없을 정도로 노력한다. 바라는 것이 있다면 그것을 이미 이룬 사람들이 어떤 노력을 기울였는지 확인해보자.

자신에게 달려 있지 않은 것을 얻으려고 할 때
남들과 같은 노력을 쏟지 않으면서
같은 것을 요구할 수 없음을 기억하라.

|

에픽테토스

창조는
재미에서 비롯합니다

창의적인 사람은 지식만으로 새로운 생각을 창조하는 것이 아니다. 오히려 장난치듯이 놀면서 자신의 머릿속에 있는 생각을 새롭게 조합한다. 창의성을 발휘하고 싶은 분야가 있다면 우선 이것저것 건드려보면서 그 분야에서 재미를 느끼는 것이 좋다. 가벼운 기분으로 놀다 보면 문득 창의적인 아이디어가 떠오를 수 있다. 보통 사람들이 보기에는 아무 결과도 나오지 않을 것 같은 문제에 오랜 시간 생각하고 매달릴 수 있는 힘이 바로 창의성의 원천이다. 이 힘은 마치 놀이하듯 몰입하는 본능에서 나온다.

새로운 것의 창조는 지능에 의해서 이루어지지 않는다.
창의적인 결과는 내적인 필요에 따른 놀이 본능으로 만들어진다.
창의적인 사람은 자신이 사랑하는 것을 가지고 놀기 좋아한다.
|
카를 융

오류를 인정하는
용기가 필요합니다

누구나 틀릴 수 있다. 하지만 자신의 실수를 인정하는 사람은 드물다. 자신과 의견을 분리할 수 없기 때문에 자신의 오류를 인정하기 어려운 것이다. 자신의 오류를 인정하는 데는 용기가 필요하다. 의견은 의견일 뿐이다. 누군가가 그 의견을 공격하거나 비난하는 것이 의견을 낸 사람을 비난하는 것은 아니다.

인간은 자신이 틀렸다는 것을 인정하지 않으려다
더 큰 실수를 저지르는 어리석은 존재다.

|

레온 페스팅거

삶 그 자체가 희망이라는 것을
기억해야 합니다

최악은 말할 수조차 없는 상태다. 말할 정신이 있다면 아직 무엇인가 할 수 있는 기회가 있는 것이다. 자신의 상황을 최악이라 규정짓는 비관주의에서 벗어나자. 삶에 대해 한탄하고 의기소침해할 시간이 있다면 빠져나갈 방법을 찾자. 어딘가에는 당신의 문제를 해결할 방법이 있다. 우주에서 주는 힌트를 놓치지 말자. 멍청하게 신세한탄만 하고 있으면 우연히 들려오는 광고, 손에 잡히는 책, 친구의 제안을 놓쳐버리게 된다.

'지금이 최악이야'라고 말할 수 있는 한 아직 최악은 아니다.
|
윌리엄 셰익스피어

판단하지 않고
받아들이면 됩니다

우주는 판단하지 않는다. 그저 모든 것을 수용한다. 하지만 우리는
고정관념의 잣대로 모든 것을 판단한다. 종일 스스로 하는 말을 잘
생각해보라. '이래서 좋다', '저래서 싫다' 하는 의견이 대부분일 것
이다. 좋고 나쁜 것은 없다. 우리의 생각이 모든 것을 판단하고 있
는 것일 뿐이다.

좋고 나쁜 것이란 없다. 생각이 그렇게 만드는 것이다.

|

윌리엄 셰익스피어

호기심은 새로운 발견으로
이어집니다

모든 일에는 때가 있고, 시간이 필요하다. 벚꽃은 1주일 정도 피었다가 눈꽃처럼 흩날린다. 병아리가 껍데기를 깨고 나오는 것을 보려면 21일을 기다려야 한다. 인내심은 그냥 생기지 않는다. 새로운 발견에 대한 호기심이 필요하다.

불타는 호기심이 없으면,
중대한 새로운 발견을 해낼 만큼 긴 시간 인내할 수 없다.

미하이 칙센트미하이

시도하지 않는 것이
불행한 것입니다

어떤 것을 시도할 때 '실패하면 어쩌나' 하고 두려울 수 있다. 하지만 실패에서 오는 작은 좌절은 그렇게 무서운 것이 아니다. 정말로 두려워해야 할 것은 이번 삶의 과제를 완수하지 못하고 불행하게 삶을 마감하는 것이다. 실패 속에서 성장할 수 있고 행복의 씨앗을 발견할 수 있다.

실패하면 아마도 실망할 것이다.
하지만 시도조차 하지 않으면 불행해지고 말 것이다.

|

비벌리 실스

한두 마디 말보다
더 값진 것

생텍쥐페리의 『어린 왕자』에는 사막여우와 어린 왕자가 서로를 길들이는 과정이 나온다. 길들임은 말 한두 마디로 되는 것이 아니다. 드라마에 나오듯 '오늘부터 1일'이라고 말한다고 길들여지는 것이 아니다. 길들임에는 인내와 시간이 필요하다. 매일매일 조금씩 가까워지는 것이 길들임의 과정이다. 바람에 장미가 상할까 유리 덮개를 덮어주며 매일 돌보아야 비로소 상대의 발소리에 설레는 것이다.

말은 오해의 근원이다.
|
생텍쥐페리

부정적인 고정관념을
주의해야 합니다

크고 작은 죄를 지으면 어떤 식으로든 벌을 받게 되어 있다. 다른 사람에게 들키면 사회적으로 죄에 대한 벌을 받고, 요행히 들키지 않더라도 스스로 대가를 치러야 한다. 예를 들어 작은 물건을 훔쳤는데 그것을 들키지 않았다고 가정해보자. 당장 다른 사람들에게 알려지지 않고 벌을 받지 않아 좋아 보이지만, 그의 머릿속에는 '나는 작은 도둑질을 해야만 필요한 것을 얻을 수 있어'라는 부정적인 고정관념이 자리 잡게 된다. 이것이 진정한 벌이다.

죄 지은 사람의 머릿속에는 항상 의심이 지워지지 않는다.

|

윌리엄 셰익스피어

결심했다면 실행으로
이어져야 합니다

생각만 해서 이루어지는 일은 없다. 돛단배를 타고 목적지로 가는 것으로 비유해보자. 생각은 돛단배를 앞으로 밀어주는 바람이다. 바람만으로 배가 목적지에 닿지는 않는다. 노를 저으면서 시시때때로 방향을 조정하는 것은 온전히 뱃사람의 몫이다. 뱃사람이 결심하고 노를 저어야 배가 원하는 방향으로 나아간다.

모든 일의 시작은 위험한 법이지만
무슨 일을 막론하고 시작하지 않으면 아무것도 시작되지 않는다.
|
프리드리히 니체

결과를
받아들이는 용기

사람은 자기 마음이 현실에 드러나는 것으로 평판을 얻는다. 다른 사람의 마음과 생각을 정확히 알 수 없지만 마음의 그림자는 볼 수 있다. 마음이 말과 행동으로 드러나기 때문이다. 엄밀히 말하면 '마음에도 없는 말', '마음에도 없는 행동'은 없다. 말과 행동은 마음을 그대로 표현해준다. 지금까지 자신의 행동은 모두 마음의 그림자다. 그에 따른 모든 결과를 인정할 수 있어야 한다.

과거와 현재 행동으로 인한 불쾌한 결과를 인정할 수 있는 용기를 가져라.

|

존 듀이

마음에 무엇이 비치는지
살펴봐야 합니다

내 마음의 상태가 바로 주변의 사건이나 사물로 드러난다. 마음이
고요하고 평화로우면 주변의 모든 것이 평화롭다. 마음이 복잡하고
어지러우면 주변의 모든 것이 혼란스럽다. 마음 상태에 따라 같은
사건도 다르게 받아들여진다.

마음먹기에 따라 모든 것이 바뀔 수 있다.
모든 것은 그대 마음을 비추는 거울과 같기에.
|
부처

외로움에 어떻게 대처하는지가
중요합니다

홀로 있을 때 어떤 행동을 하는가에 따라 자아와의 관계를 확인할 수 있다. 혼자 있을 때 괜스레 휴대폰의 연락처를 보면서 누구에게 연락할지 찾아본 적이 있지 않은가? 시간 가는 줄 모르고 SNS를 멍하니 보다가 더 허탈해진 적이 있지 않은가? 인터넷 쇼핑몰을 헤매다 정신차려보면 그리 필요하지도 않은 물건들을 잔뜩 구매한 적이 있지 않은가? 이런 증상을 보인다면 혼자 있을 때 외롭다는 증거다. 내면과의 대화가 좀 더 필요한 상태다.

외로움은 자아의 빈곤이며 고독은 자아의 풍요다.

메이 사튼

성공의 밑거름은
실패입니다

'승승장구'는 가장 위험한 말 중 하나다. 계속해서 이기고 성공하고 있다는 것은 이제 꺾일 일만 남았다는 뜻이기 때문이다. 성공만 하다 보면 자신을 되돌아볼 여유가 없다. 모든 것이 완벽하기 때문에 성공한다고 여기기 쉽다. 하지만 실패와 좌절을 겪으면 자신을 성찰할 수 있다. 어떤 생각이 잘못되었는지, 전략을 어떻게 수정해야 할지, 어떻게 행동해야 할지 생각한다. 이제 올라갈 일만 남은 것이다.

성공은 성공 위에 세워지지 않는다.
실패, 좌절, 때로는 재앙 위에 세워진다.

|

섬너 레드스톤

배움에 대한 호기심을
잃지 말아야 합니다

우울하고, 도무지 의욕이 없고, 무엇을 해도 기운이 나지 않고, 아무
것도 하고 싶지 않을 때가 있다. 이는 내면의 본성에서 멀어진 상태
다. 인간에게는 배움을 향한 욕구가 있다. 무엇인가 깨달았을 때 희
열을 느낀다. 이 본성에서 멀어졌을 때 무기력적인 증세를 보인다.

사람들은 내재적인 동기, 자부심, 자존감,
배우려는 열망, 학습의 기쁨을 타고난다.
|
에드워즈 데밍

닮아간다는 것은
사랑의 증거입니다

누군가를 사랑하면 그 사람과 닮아간다. 상대의 말투, 좋아하는 음식이 비슷해진다. 사고방식이나 습관이 같아지기도 한다. 사랑하는 사람과 자신도 모르게 조금씩 닮아가면서 상대와 자신을 연결하고 하나라고 생각한다. 불행의 근원은 분리감이다. 상대와 나를 동일시하면서 분리되어 있다는 느낌을 해소한다.

누군가를 사랑한다는 것은 상대와 자신을 동일시하는 것이다.

아리스토텔레스

주체적으로 살아가려면
나를 잃지 말아야 합니다

사람들은 보통 다수의 생각에 동조하려는 경향이 있다. 분명히 잘못된 일이라고 생각하더라도 많은 사람이 옳다고 하면 반대하는 목소리가 작아진다. 내 의견을 주장하기보다 대세를 따라간다. 이것은 두려움 때문이다. 다수에 속하지 못하고 소수가 되는 두려움, 버려질지도 모른다는 두려움에 순응하면 소속감이나 안정감이 들 수는 있다. 하지만 있는 그대로의 현실을 보지 못한다. 내 삶이 아닌 타인의 삶을 살아가게 된다.

사람들은 다수의 생각이 잘못되었더라도
그것에 자신의 의견을 맞추려는 경향이 있다.

솔로몬 애쉬

끊임없이 비교하면서
마음의 짐을 늘리지 말아야합니다

다른 사람과 나를 비교하는 것은 가끔 도움이 된다. 열심히 노력해 탁월한 성취를 이룬 사람은 동기부여가 될 수 있다. 하지만 대부분의 비교는 마음의 평화나 개인의 성장에 도움이 되지 않는다. 모든 것이 완벽한 사람은 없으므로 남과 비교하자면 끝이 없다. 비교할수록 스스로가 작아진다. 모든 것을 다 가지려는 마음을 내려놓고 적절한 지점에서 만족해야 한다.

끊임없이 나보다 더 나은 사람과 비교하기보다는,
적절한 만족의 균형을 맞추어라.
그것이 당신의 심리적 부담을 덜어줄 것이다.

|

레온 페스팅거

재능은 노력과 더해질 때
더욱 빛이 납니다

한 분야에서 '천재' 소리를 들을 정도면 재능은 물론이고 노력도 필요하다. 마이클 조던, 코비 브라이언트, 르브론 제임스 등 NBA 최고의 농구선수들은 하나같이 어릴 때부터 농구 재능을 인정받았다. 하지만 그들은 재능에 만족하지 않고 최고가 되기 위해 노력을 게을리 하지 않았다. 모두 지독한 연습벌레였다. 그들은 최정상의 자리에 오른 뒤에도 연습장에 가장 일찍 나가 수백 개의 공을 던지고 나서야 경기에 나섰다.

천재는 노력하기 때문에 한 분야에서 뛰어난 것이 아니다.
그들은 뛰어나기 때문에 노력한다.

|

윌리엄 해즐릿

목표의 수준을
조금씩 높여나가야 합니다

목표를 처음부터 너무 높게 잡으면 의욕이 꺾일 수 있으니 단계별로 잡는 게 좋다. 학교 운동장을 5바퀴도 뛰지 못하는 사람이 42.195km 마라톤을 완주하겠다는 목표를 바로 달성하는 것은 불가능하다. 처음에는 운동장 1바퀴부터 시작해서 500m, 1km, 1.5km, 5km식으로 목표 거리를 조금씩 늘려나가는 것이 현실적이다. 현실성이 없는 목표는 열징에 찬물을 끼얹어버릴 뿐이다. 목표를 하나하나 이루면서 성취감을 느끼고 의욕 수준도 높일 수 있다.

성공한 사람은 대개 최근 성취한 목표보다 지나치게 높지 않은
다음 목표를 세운다.

쿠르트 레빈

멀리까지 생각하는 힘을
길러야 합니다

깊이 생각하고 멀리까지 내다볼 수 있어야 한다. 눈앞의 작은 것만 생각하면 잠재적으로 위협이 되는 큰 것을 놓칠 수 있다. 임진왜란 직전 조선의 사대부들은 동인과 서인으로 나뉘어 서로 헐뜯기 바빴다. 당시 정권을 잡고 있던 동인들이 당파의 이익만을 좇지 않고 좀 더 객관적인 시각을 가졌다면, 일본의 침략을 충분히 대비할 수 있었을 것이다. 욕심을 걷어내면 멀리 내다보는 데 도움이 된다.

사람이 멀리까지 생각하지 않으면,
반드시 가까운 근심이 있게 된다.
|
공자

꿈은 이루어지라고 있는 것

꿈꾸는 능력은 인간이라는 존재가 가진 신적인 능력이다. 꿈꾸지 않았다면 인류는 지구상의 최상위 포식자인 '짐승'으로만 남아 있었을 것이다. 꿈은 언젠가 어떤 방식으로든 이루어지는 속성을 갖고 있다. 하늘을 날고 싶다는 꿈, 달나라에 가보고 싶다는 꿈, 멀리 떨어진 사람들과 이야기하고 싶다는 꿈은 비행기의 발명, 우주항공기술의 발달, 통신수단의 발달로 모두 이루어졌다.

꿈은 이루어진다. 이루어질 가능성이 없었다면
애초에 자연이 꿈꾸게 하지도 않았을 것이다.
|
존 업다이크

행동을 바꾸려면
지금 바로 실행해야 합니다

'나도 언젠가는'이 입버릇인 사람이 있다. 그렇게 변화를 뒤로 미루는 사람에게 '언젠가'는 절대 오지 않는다. 자신에게 좋은 것이 있다면 미루지 말고 지금 당장 실천해보자. 머리로는 좋다고 생각하지만 그것을 바로 실천하는 것은 귀찮기 때문이다. 지금 당장 행동하는 사람은 성장하고, 그렇지 않은 사람은 평생 '언젠가는'이라는 저주의 주문만 되뇔 것이다.

사람들은 자신의 행동을 바꿔야 한다는 것을 알고 있다.
하지만 지금 바로 바꾸려고 하지는 않는다.

|

로버트 치알디니

한계를 부여하는 말은
마음에 담지 말아야 합니다

사물이나 사람에 대한 다른 누군가의 견해를 그대로 따라가는 것을 경계해야 한다. 특히 제멋대로 당신의 잠재력을 무시하고 능력을 한계 짓는 사람의 말은 절대 마음속에 담아둘 것이 못 된다. 음반으로 녹음된 최초의 성악가로 알려진 엔리코 카루소는 노래와는 거리가 먼 목소리라는 담임선생님의 혹평을 들었지만, 성악가의 꿈을 이루고 세계적인 테너로 활약했다. 토머스 에디슨은 지능이 모자라 아무것도 배울 수 없는 아이라는 이유로 퇴학당했지만, 최고의 발명왕이 되었다.

사물을 있는 그대로 보라.

|

마르쿠스 아우렐리우스

실패를 통해
단련하는 자세

어릴 적 학교 앞에서 작고 노란 병아리를 바구니에 담아 파는 장면
을 종종 볼 수 있었다. 그 병아리를 커다란 닭으로 키워내는 경우는
흔치 않았다. 그런데 한 친구는 병아리를 항상 어른 닭으로 키우는
데 성공했다. 그 방법은 병아리를 물에 빠뜨리는 것이었다. 병아리
는 물속에서 살아남기 위해 헤엄을 치면서 체력을 기른 것이다. 약
해 보인다고 가만히 두면 더 약해진다. 실패나 시련은 살아가기 위
한 체력을 단련하는 기회가 될 수 있다.

강한 자는 실패를 통해 더욱 강해진다.

|

생텍쥐페리

친절한 말이
배려와 사랑을 부릅니다

사기꾼의 말을 듣다 보면 그 실력에 감탄할지 몰라도 진심을 느낄 수는 없다. 말은 마음과 생각을 전하는 것이다. 말하는 내용이 아무리 화려하다고 하더라도 그 속에 따뜻함과 친절함이 없다면, 그 말은 마음을 울리지 못한다. 친절한 말에는 상대를 사랑하고 배려하는 마음이 담겨 있다. 친절한 말을 하면 할수록 상대방을 사랑하는 마음이 강해진다. 진설한 말 한마디로 주변을 시랑으로 채울 수 있다.

친절한 말은 짧고 하기 쉽다.
하지만 그 울림은 진실로 무궁무진하다.
|
마더 테레사

내면의 이끌림을 따르는 삶

내적인 충동을 따르지 않는 삶은 '영혼이 없는 삶'이다. '가슴이 뛰는 삶', '진정 원하는 것을 따르는 삶'이 진짜 삶이다. 이런 표현이 너무 거창하게 들린다면, '마음에 불편함이 없는 삶', '거리낄 것이 없는 삶'이라고 해도 좋다. 내면의 이끌림을 따르는 것은 삶의 주도권을 자신이 쥐는 것이다. 정신적인 자유가 중요하다.

내면의 이끌림을 따르지 않으면,
활력과 힘이 빠지고, 영적인 죽음을 느끼게 된다.

샥티 거웨인

열정 도둑을
경계할 것

손 안 대고 코를 풀려는 사람들이 있다. 자신은 어떤 위험도 무릅쓰지 않으면서 남의 힘을 이용하려는 사람들이다. 다른 사람의 열정을 빼앗아가는 열정 도둑이다. 그런 사람들은 실제로 일이 잘되더라도 그 공을 가로챌 가능성이 높다. 일이 잘되면 자기가 아이디어를 제안했기 때문에 자기 공이라고 우기기 십상이다.

자신은 어떤 위험도 무릅쓰려고 하지 않으면서
그 행동을 충동질하는 이를 조심하라.

|

호아킨 세탄티

9장

넘어질 것인가, 넘어설 것인가

'한 번 더'라고 말하는 사람이
결국 해냅니다

중간에 그만두는 사람은 실패하고, 될 때까지 '한 번 더' 시도하는 사람은 성공한다. 중도에 멈추는 사람은 합리적인 현실주의자다. 현실의 조건, 자신의 역량 등을 고려해서 이성적으로 판단해봤을 때 성공할 확률이 높지 않기 때문에 그만둔다. 합리적이지만 이루는 것은 없다. 끝까지 하는 사람은 이상주의자다. 능력, 자원, 시간이 부족해도 좌절하지 않고 의욕을 불태운다. 해낼 수 있다는 자신감과 꼭 해야만 한다는 소명의식으로 밀어붙인다. 무모해 보이지만 결국 이뤄낸다.

성공하는 가장 확실한 방법은 한 번 더 시도해보는 것이다.

토머스 에디슨

우리는 무엇이든
될 수 있습니다

무엇인가 되고 싶은 목표가 있는데 지금 자신이 그 모습과 거리가 멀다고 실망할 필요 없다. 미래는 어떤 식으로 펼쳐질지 알 수 없다. 어떤 희망을 품고 어떤 노력을 기울이는지에 따라 미래는 달라진다. 진흙에 어떤 숨결도 불어넣지 않고 가만히 내팽개쳐 두면 볼품없이 굳어져버려 쓸모없게 된다. 하지만 훌륭한 장인을 만나면 멋진 작품으로 탄생할 수 있다.

현재 어떤 존재가 아니라면, 나는 '될 수 있을 법한 존재'가 되련다.
별을 향해 뻗어나가는 '아마도'의 존재이기 때문이다.

밀턴 벌리

사람은 누구나
각자의 향기를 품은 꽃입니다

들판에 가면 이름 모를 꽃과 잡초가 가득하다. 미워 보인다고 하나 하나 뜯어버리면 모두가 다 잡초다. 하지만 작은 들꽃이라도 아름다운 점을 보면 모두가 다 빛나는 꽃이다. 사람도 마찬가지다. 다른 사람의 부정적인 면을 보면 끝도 없다. 하지만 긍정적인 면, 장점을 보려고 하면 누구나 장점이 있다는 것을 발견할 수 있다.

다른 사람들의 긍정적인 면을 찾으려 훈련해보라.
그들에게서 너무나 많은 장점을 발견할 수 있다는 사실에 놀랄 것이다.

|

앨런 로이 맥기니스

창조의 과정은
외로움이 따릅니다

일필휘지로 글을 써내는 작가는 세상에 존재하지 않는다. 작가들은 글을 한 번 쓴 뒤에 고치고 또 고친다. 영혼까지 쥐어짜내 글을 쓴다. 이 과정은 그 누구도 도와줄 수 없다. 외로움 속에서 스스로 겪어내야 하는 과정이다. 창조는 외로움 속에서 일어난다.

작가는 완전한 외로움 속에서
설명할 수 없는 것을 설명하려 한다.

|

존 스타인벡

현명한 욕심을
지녀야 합니다

행복해지는 법은 욕심의 크기와 가진 것의 크기를 맞추는 것이다. 그렇게 하려면 두 가지 방법이 있다. 하나는 욕심을 줄이는 것이고 또 하나는 가진 것을 늘리는 것이다. 전자는 현명한 사람들이 택하는 방법이고, 후자는 어리석은 사람들이 택하는 방법이다. 욕심은 채우면 채울수록, 자극하면 자극할수록 커지는 속성이 있다. 자꾸만 커져가는 욕심을 채우기 위해 가진 것을 끊임없이 늘리려는 시도는 성공하기 어렵다.

가진 것이 없고 적게 원할 때보다
많은 것을 소유하고 더 많은 것을 원할 때 좌절이 훨씬 더 크다.

에릭 호퍼

사랑은
소유하는 것이 아닙니다

사랑은 꽉 쥐고 가둬두는 것이 아니라 자유롭게 놓아주는 것이다. 손에 쥐려고 하면 할수록 멀어지는 것이 사랑의 속성이다. 내 울타리 안에 상대를 가둬두려는 소유욕은 이기심이다. 소유욕은 상대에게 금세 들통나고, 이기심은 사랑에 균열을 만들기 시작한다. 사랑은 자유로움과는 가깝고, 속박과는 멀리 떨어져 있다. 소유욕은 잃을지도 모른다는 두려움이다. 사랑은 두려움과는 완전히 반대의 속성임을 잊지 말자.

사랑의 반대말은 소유욕이다.
|
생텍쥐페리

언제나 자신을
가장 먼저 살펴야 합니다

자신에 대한 이해를 포기하면 자신을 잃게 된다. 항상 내면에서 일어나는 일에 관심을 가져야 한다. 어떤 감정이 생겨났다가 사라지는지, 왜 그런 감정이 드는 것인지 관찰하고 생각하는 것을 게을리하지 말자. 내면에서 일어나는 일을 알아차리지 못하면, 인정받지 못한 감정이 어느 순간 반란을 일으킨다. 감정이 한번 반란을 일으키면 여간해서는 마음의 평정을 되찾기 힘들다.

자기 안에서 무슨 일이 일어나고 있는지,
그것이 어떤 원인에서 비롯된 것인지 알게 될 때
전혀 다른 사람이 되고, 더 이상 자기 자신을 포기하지 않을 것이다.

|

알프레드 아들러

감정은
더 많은 문제를 불러옵니다

어떤 문제가 생겼을 때는 감정을 배제하고 그 문제 자체를 차분히 들여다보는 것이 좋다. 그 문제가 발생한 상황을 평가하고 해석하고 그것에 감정을 이입하는 순간, 문제 해결의 본질에서 벗어나기 시작한다. 문제를 제대로 인식하고 해결책을 찾는 데 힘을 집중해야 한다. 분노하고 후회하고 걱정해도 문제는 그대로 남아 있다. 아니, 오히려 그 문제는 더 커질 뿐 아니라 그 문제에 대한 다른 문제가 계속해서 생겨난다.

현실적인 문제를 제대로 인식하면 해결을 위해 노력할 것이다.
하지만 어리석게 속상해하면 '문제에 대한 문제'를 얻게 된다.

앨버트 엘리스

자신에 대한 믿음은
구체적일수록 좋습니다

무슨 일이든 자신의 능력을 신뢰해야 이루어낼 수 있다. 하지만 근거 없는 자신감이라면 교만으로 흐르기 쉽다. 자신에 대한 믿음은 구체적일수록 좋다. 객관적으로 자신을 바라보고 어떤 점이 장점인지 생각해보자. 장점이 생각나지 않는 것은 그동안 자신과의 대화에 소홀해서다.

겸손하지만 합리적인 자신감 없이는
성공할 수도, 행복할 수도 없다.

노먼 빈센트 필

내가 원하는 삶을 사는 사람을
멘토로 삼아야 합니다

지금의 삶이 만족스럽지 않은가? 삶은 바뀔 수 있다. 원하는 삶의 모습을 그려보고 이미 그런 삶을 사는 사람을 스승으로 삼자. 그리고 그가 그렇게 되기까지 어떤 노력을 기울였는지, 어떤 방법을 활용했는지 확인하자. 직접 만나보면 가장 좋고, 인터뷰 기사나 책 등을 통해서 정보를 얻어도 좋다.

인간에게 의식적인 노력으로
자신의 삶을 끌어올릴 능력이 분명히 있다는 것보다
더 용기를 주는 사실은 없다.

|

헨리 데이비드 소로

자신의 길을 찾는 데
시간을 들여야 합니다

어릴 때는 놀이가 삶의 전부다. 친구들과 술래잡기, 숨바꼭질, 공놀이 등을 하며 신나게 놀다 보면 배가 고픈지도, 해가 넘어가는지도 모른다. 잠자리에 들면서도 다음 날 놀 생각에 설렌다. 어떤 일에 어릴 적 놀이에 집중했던 것만큼 몰입하기란 쉽지 않다. 시급하게 처리할 일, 해야 할 일이 너무 많고 어떤 것을 선택해서 집중해야 할지 확신하기도 쉽지 않다. 시간을 두고 자신의 길을 찾아보자.

성숙이란 어릴 때 놀이에 열중하던 진지함을 다시 발견하는 데 있다.

프리드리히 니체

어떤 상황이든
생각하기 나름입니다

생각을 어떻게 하느냐에 따라 어떤 상황에서든 이익을 얻을 수 있다. 여기서 이익은 자신에게 도움이 되는 모든 것이다. 실연을 당했다면 자신을 위해 시간을 투자할 기회라고, 실직했다면 당분간 가족과 시간을 보낼 기회라고, 다리를 다쳐 입원했다면 미뤄두었던 책을 읽을 수 있는 기회라고 생각할 수도 있다.

어떤 일이 생기든 거기에서 어떤 이익을 얻을지는 나에게 달려 있다.
|
에픽테토스

내가 선택한 현실을
낙관적으로 바라보아야 합니다

우리는 지금의 현실을 선택했다. 지금의 삶은 당신의 진정한 자아
가 선택한 삶이다. 이런 관점을 받아들인다면 비현실적인 낙관론
자가 아니라 진정한 낙관론자가 될 수 있다. 자신이 선택한 삶이 어
떻게 펼쳐질지 기대하면서 살아갈 수 있다. 가능한 모든 현실 중 각
자에게 가장 알맞은 것을 선택했다. 그러니 지금이 가장 좋은 세상
이다.

낙관론자는 우리가 가능한 모든 곳 중
가장 좋은 세상에서 살고 있다고 주장한다.
그리고 비관론자는 그 말이 사실일지도 모른다고 걱정한다.

제임스 브랜치 캐벌

하루 15분 독서의 힘

다른 사람과 비슷한 정도로 독서하면 다른 사람과 비슷한 정도밖에 알 수 없다. 모든 독서가가 성공하는 것은 아니지만 모든 성공한 사람은 독서가다. 새로운 정보와 지혜에 목말라 하는 것도 습관이다. 매일 조금씩이라도 글을 읽다 보면 관련 지식을 더 알고 싶어져 다른 책을 찾게 된다. 이것이 진짜 공부다. 외부에서 주입식으로 주어지는 것이 아닌, 자신을 위한 진짜 공부를 시작하자. 하루 15분이면 충분하다.

한 문장이라도 매일 조금씩 읽기로 결심하라.
하루 15분씩 시간을 내면 연말에는 변화가 느껴질 것이다.
|
호러스 맨

지나친 욕심은 불행의 씨앗입니다

어느 정도 욕심은 필요하다. 결핍에서 발전이 이루어지기 때문이다. 하지만 욕심은 적절한 수준에서 멈춰야 한다. 그렇지 않으면 불행의 씨앗이 될 수 있다. 특히 남들이 가진 것에 욕심내는 것이 가장 위험하다. 자신에게 속하지 않은 것에는 눈길도 주지 말아야 한다. 내 것이 아닌 것에 욕심내면 마음만 괴롭다. 별다른 부족함이 없는데 상대적인 박탈감 때문에 괜히 슬퍼하고, 불안해하고, 남을 탓하는 못난 사람이 된다.

그대의 것이 아닌 것을 자기 것이라 착각하면
슬픔에 빠지고, 불안에 휩싸이고,
타인을 비난하게 될 것이다.

|

에픽테토스

열 번 실패해도
한 번 성공하는 것을 목표로 하는 것

사업가들이 첫 사업에 성공하는 경우는 거의 없다. 첫 책이 베스트 셀러가 되는 작가도, 데뷔 앨범으로 부와 명성을 거머쥐는 음악가도 드물다. 첫 시도에 성공하면 자칫 독이 될 수 있다. 실패를 통해서 자신의 약점을 알아내고, 큰 성공을 담을 수 있는 그릇을 만들어 갈 수 있다. 실패해도 괜찮다. 꼭 실패를 딛고 일어서는 경험을 해 보자.

가장 명예로운 것은
절대 실패하지 않는 것이 아니라
넘어질 때마다 다시 일어나는 것이다.
|
공자

침묵 속에
지혜가 있습니다

피상적인 문제들은 친구와 가볍게 수다 떨다가 해결되기도 한다. 간단한 논리나 지식으로 해결 가능한 경우다. 하지만 지혜가 필요한 질문이나 자신이 가야 할 길을 찾는 일에는 침묵이 필요하다. 입을 열면 의식이 밖을 향하지만, 입을 닫으면 안을 향한다. 지혜는 내면으로 향해야 얻을 수 있는 것이다. 침묵해야 삶의 지혜를 얻을 수 있고 본질을 볼 수 있다. 풀리지 않던 문제도 본질을 꿰뚫어보면 답이 보인다.

침묵을 통해 영혼은 더욱 밝은 빛 속에서 길을 찾는다.
모호하고 기만적인 것은 결국 명확하게 밝혀진다.

마하트마 간디

시간은 항상 진실의 편입니다

모든 진실과 신념은 처음에는 쉽게 받아들여지지 않는다. 그것을 이해하지 못하는 사람들이 처음에는 비웃는다. 그러다 조금씩 진실에 동조하는 사람이 늘어나면 격렬한 반대에 부딪힌다. 기존의 상식을 무너뜨리려는 시도로 비춰지고 배척당한다. 하지만 진실은 시간이 지나면서 밝혀지기 마련이다. 이 과정은 사회적으로나 개인적인 차원에서나 큰 차이가 없다.

모든 진실은 세 단계를 거친다.
첫째, 조롱당한다.
둘째, 극심한 반대에 부딪힌다.
셋째, 자명한 진실로 받아들여진다.

|

쇼펜하우어

현실에 안주하면
꿈에 닿을 수 없습니다

누구나 꿈이 있다. 그것이 명확한지 모호한지 차이가 있을 뿐이다. 꿈을 이룬 사람은 또 다른 꿈을 꾼다. 꿈을 이룬 경험이 있기에 더 큰 꿈을 꿀 수 있다. 꿈을 현실로 만드는 것은 모험심이다. '이건 꿈일 뿐이지. 어떻게 내가 그렇게 되겠어'라는 생각으로 지금 손에 쥐고 있는 것을 놓지 못하면, 꿈은 영원히 꿈으로만 남게 된다. 꿈꾸던 삶을 향해 모험을 시작하자.

당신이 할 수 있는 가장 큰 모험은
바로 당신이 꿈꿔오던 삶을 사는 것이다.

오프라 윈프리

잊어야 할 것은 잊어야 합니다

'과잉기억증후군'이라는 기억장애가 있다. 보통 사람은 기억을 두뇌의 우전두엽에 저장하는데, 과잉기억증후군이 있는 사람은 자신에게 일어났던 과거의 모든 일을 우전두엽과 좌전두엽 모두에 저장한다. 모든 것을 기억하면 행복하기 쉽지 않다. 비가 올 때 가족을 잃었다면, 비 올 때마다 그 순간의 일이 영화처럼 선명하게 기억나 한동안 슬픔 속에 빠질 것이다. 헤어진 연인을 잊지 못하고 그 사람과의 추억을 재생하면서 새로운 사람을 만나야 할 것이다.

행복의 열쇠 중 하나는
과거를 잊어버리는 나쁜 기억력이다.
|
리타 메이 브라운

한계는 스스로 만드는 것

그 누구도 '당신의 한계는 여기까지'라고 말하지 않는다. 한계는 스스로 만드는 것이다. 목적을 달성하지 못하는 경험을 여러 차례 하면서 '내 한계는 여기까지인가봐'라고 한계선을 긋는다. 하지만 인간은 본래 한계가 없는 존재다. 인류 역사상 수많은 천재, 위인, 현자가 자신들의 삶으로 증명해 보였다.

우리가 전투에서 패배하는 첫 장소가 바로 자신의 생각 속이다.
한계에 다다랐다고 생각하면 정말 한계에 다다른 것이다.

|

조엘 오스틴

사랑은 거울과도 같습니다

자기 자신과 대화하면서 속마음을 헤아릴 수도 있지만, 다른 사람에게서 자신의 속마음을 비춰볼 수도 있다. 만약 상대가 미워 보인다면 내 안에 싫은 마음이 있는 것이고, 상대가 사랑스러워 보인다면 내 안에 사랑이 있는 것이다. 특히 사랑하는 사람들은 서로를 더 잘 비춰준다. 마음속에 있는 기쁨, 사랑뿐 아니라 불안, 두려움을 그대로 보여준다.

사랑은 거울처럼 서로 주고받는 것이다.

|

단테 알리기에리

사랑을 체험하지 못한다면
외로움뿐입니다

'너와 나는 둘이 아닌 하나'라는 말은 인류 역사에서 수많은 스승이 가르쳐준 진리다. 하지만 이것을 가슴으로 깨닫는 것은 쉽지 않다. 다른 사람을 사랑함으로써 모두가 형제라는 진리를 조금씩 깨달을 수 있다. 사랑을 체험하지 못하는 삶은 외롭다.

자신만을 사랑하는 사람보다 외로운 사람은 없다.

|

아브라함 이븐 에즈라

이미 성공한 듯
행동하는 것

성공하는 사람들의 공통점 중 하나는 이미 성공한 것처럼 생각하고 행동하는 것이다. 그들의 머릿속에는 실패한다는 생각이 없다. 물론 사전에 충분히 위험을 분석하고, 그 위험을 감당할 수 있을지 저울질한다. 그들은 이런 믿음으로 무력감이나 좌절을 깨부수고 성공을 향해 질주한다. 중간 과정에서 흔들릴지언정 목표를 언젠가 이룰 수 있다고 믿는다. 상황이 흔들린다고 믿음이 흔들리면 목표한 바를 이루기 어렵다.

실패하는 것이 불가능한 것처럼 행동하라.
|
도로시아 브랜디

조금 늦게 가도
좋습니다

생각보다 늦다고, 기대했던 것보다 빨리 이루어지지 않는다고 조바심 내지 말자. 조금 늦게 가도 괜찮다. 오히려 늦게 가는 것이 성숙의 시간이 될 수 있다. 독일 문학의 거인 괴테는 어린 시절부터 신동으로 이름을 날렸지만, 『파우스트』를 완성하는 데 60여 년이 걸렸다. 중간에 멈추지만 않으면 된다. 뜻이 있다면 반드시 일은 이루어지게 되어 있다. 멈추고 싶은 유혹이 생기면 '잠깐 쉬면서 천천히 가자'라고 생각하자. 다만 완전히 그만두면 안 된다.

멈추지 않는 한 조금 늦게 가는 것은 문제되지 않는다.
|
공자

나에게 달려 있는 일에만
집중합니다

자유는 무엇에 속박되지 않는 것이다. 스스로 통제할 수 없는 외부 상황에 신경을 쏟으면 자유로울 수 없다. 사실 신경 쓴다고 해서 달라지는 것도 없다. 에너지만 빼앗길 뿐이다. 어떤 일이 자신에게 달려 있고, 어떤 것이 그렇지 않은지 구분해보자. 자신에게 달려 있지 않은 것, 현재 상황에서는 어찌 손써볼 수 없는 것에 대해서는 마음을 비우고 할 수 있는 것에 집중하자. 그것이 진정으로 자유로워지는 길이다.

자유에 이르는 유일한 길은
'자신에게 달려 있지 않은 일'에 신경을 쏟지 않는 것이다.
|
에픽테토스

알지 못하기 때문에
두려운 것입니다

예측 가능한 위험은 크게 위협이 되지 않는다. 어느 정도 버티면 될지 알 수 있고 대비할 수 있기 때문이다. 눈에 보이는 적은 두렵지 않다. 보이지 않는 적이 더 무서운 법이다. 새로운 일을 할 때 주저하는 이유는 그 일에 대해 제대로 모르기 때문이다. 무엇이든 제대로 알면 크게 두렵지 않다. 그래서 경험과 지식이 중요하다. 두려운 대상이 있다면 그것에 대한 충분한 정보를 얻자.

두려움은 항상 무지에서 나온다.

서양 속담

내가 지닌 장점에
집중해서 나아가야 합니다

덜 노력해도 남보다 잘하는 분야가 있는 반면, 아무리 노력해도 남만큼 성과를 낼 수 없는 분야도 있다. 그 분야에는 재능이 없는 것이다. 자신의 재능을 알아야 한다. 재능이 있다는 것은 돛단배를 타고 가는데, 내가 가려는 방향으로 바람이 부는 것과 같다. 조금만 노력해도 좋은 성과가 나온다. 노력의 가성비가 좋다. 가지지 못한 재능을 부러워하지 말고, 이미 갖고 있는 재능을 더욱더 돋보이게 하는 것이 좋다.

사람들은 이미 가진 15가지 재능으로 칭찬받으려 하기보다
자신에게 없는 한 가지 재능으로 돋보이려고 안달한다.
|
마크 트웨인

천재는 집념과 노력의 산물입니다

어떤 문제를 풀어내지 못하는 사람과 해결하는 사람의 차이는 포기하느냐, 포기하지 않느냐. 끝까지 물고 늘어지면 해내지 못할 일이 없다. 괴테는 『파우스트』를 집필하는 데 60년간 씨름했다. 미켈란젤로는 〈다비드상〉을 3년, 메디치 가의 묘비를 10년에 걸쳐 조각해냈다. 유명한 시스티나 경당의 〈최후의 심판〉은 6년 동안 그린 작품이다. 꼭 해내야 할 일이 있다면 포기하지 말고 끝까지 해내자.

나는 그렇게 똑똑한 것이 아니다.
단지 문제를 더 오래 연구할 뿐이다.

알베르트 아인슈타인

완벽주의는
족쇄가 될 수 있습니다

완벽주의자는 앞으로 나아가기 힘들다. 모든 조건이 완벽하게 갖추어진 상태에서 일이 진행되는 경우는 드물다. 시행착오를 두려워해 행동하지 않는 것은 새로운 것을 배울 기회를 잃는 것이다. 성공을 목표로 하는 사람은 실행하는 것이 완벽한 것보다 중요하다는 사실을 알고 있다. 불완전하게 실행하고 배우면서 성공에 가까워진다.

절대로 틀릴 권리를 포기하지 마라.
|
데이비드 번스

남들의 평가에 목매면
나 자신은 사라집니다

명성이라는 것은 헛된 이름이다. 나의 실체는 그대로인데 사람들이 어떻게 평가하느냐에 따라 명성이 결정된다. 명성을 추구하는 것은 실상이 아닌 허상을 좇는 것이다. 남들의 평가에 목매면 눈치를 볼 수밖에 없고 자유에서 멀어진다.

명성을 추구하면 타인의 비위를 맞추는 데
인생을 경주해야만 한다.

스피노자

10장

어려움의 크기만큼 성장한다

감정의 파도는
그대로 지켜보기만 하면 됩니다

감정은 밀려왔다가 멀어지고, 멀어졌다가 다시 밀려온다. 연인과의 이별 때문에 죽을 것처럼 괴로웠다가도 시간이 지나면 어느새 그 감정은 원래 존재하지 않았던 것처럼 사라진다. 하지만 감정은 완전히 사라지지 않는다. 특정한 단어, 음악, 풍경 등 작은 계기를 통해 없어진 줄 알았던 감정이 되살아나기도 한다. 감정은 바다의 밀물과 썰물과 같다. 사랑과 외로움이 번갈아 밀려와도 너무 기뻐하거나 슬퍼하지 말자. 언젠가는 멀어진다.

우리가 사랑과 외로움의 감정을 겪는 것은
바다에 밀물과 썰물이 있는 것과 같다.

|

칼릴 지브란

현재를 살 때
삶이 온전해집니다

목표가 없는 삶은 무료하다. 권태, 지루함, 게으름은 현재에 완전히 몰입하는 걸 방해한다. 반면 자신에게 맞는 목표를 설정하고, 그 목표를 달성하기 위해 열정적으로 사는 사람은 현재에 완전히 몰입한다. 그에게 시간은 과거에서 현재를 거쳐 미래로 가는 것이 아니다. 오직 현재만이 있을 뿐이다. 과거와 미래도 현재에 수렴된다. 현재를 기준으로 모든 시간을 바라본다. 과거에 대한 후회나 미래에 대한 걱정 없이 온전히 현재를 즐긴다.

열정은 사람을 완전히 현재에 계속 머무르게 한다.
그에게 시간은 매 순간 단절된 '현재'의 연속이 된다.

|

수 햌펀

한 발 더 나아가면
더 이상 한계가 아닙니다

한계에 다다랐을 때 좌절하지 않고 한 걸음 더 내디디면 한계를 극복할 수 있다. 화가라면 도저히 그림을 그릴 수 없을 때 붓을 잡고, 작가라면 한 글자도 더 쓸 수 없을 때 책상 앞에 앉자. 한계에 부딪혔다는 생각이 들 때, 더는 나아갈 수 없다고 좌절감을 느낄 때야말로 성장할 수 있는 기회다. 알 속의 새가 껍데기를 깰 수 없다 여기고 아무것도 하지 않는다면 영원히 세상 밖으로 나올 수 없을 것이다.

화가들이여, 그릴 수 없을 때 그려라.

조이스 캐리

지금에 충실한 자세

운명의 장난은 막을 길이 없다. 아무리 하루 종일 긍정적인 생각을 하고, 부적을 수백 장 불살라도 일어날 일은 일어난다. 사건이 발생하는 이치를 모두 알아낼 방법은 없다. 그저 지금 할 수 있는 일을 해야 한다. 우주의 섭리에 불평불만을 갖지 말고, 순간순간 최선을 다해 노력하다 보면 자연히 모든 일이 순리대로 풀려갈 것이다.

불운을 극복하는 유일한 방법은 열심히 노력하는 것이다.

|

해리 골든

자신과 마주해야 합니다

고독과 고립은 다르다. 고독은 단련의 시간이며 한 단계 도약하기 위해 내면으로 침잠하는 시간이다. 어떤 이들은 창조적인 작업을 하거나 깨달음을 얻기 위해, 무엇보다 자신의 내면을 만나기 위해 스스로 고독을 선택한다. 고립은 고독과는 달리 특별한 목적 없이 그저 도피하는 것이다. 다른 사람들과 거리를 두기 위함이 아니라 자신에게서 도망치는 것이다.

고립은 타인으로부터의 도피가 아니라
자신으로부터의 도피다.

에릭 호퍼

정말 하고 싶은 일인지
스스로에게 질문하는 것

정말로 하고 싶은 것이 있다면 어떻게 해서든 방법을 찾을 수 있다. 도움을 줄 수 있는 사람을 만나고, 정보를 모으고, 모든 힘을 다하는 데 안 될 리가 없다. 핑계 대고, 변명거리만 찾고 있다면, 잠시 멈추고 한 걸음 떨어져 자신에게 '정말 하고 싶은 일인가?'라고 질문해보자. 바로 대답하기가 망설여진다면 그 일은 그만둬도 좋다. 그것은 정말로 하고 싶은 일이 아니라 '해야 한다'라고 스스로에게 혹은 외부로부터 세뇌당한 것일 가능성이 크다.

당신이 정말로 무엇인가를 하고 싶다면,
반드시 방법을 찾아낼 것이다.
그렇지 않다면 변명거리만 찾을 것이다.

|

짐 론

현실을 직시하면
불안감을 이길 수 있습니다

불안하고 우울하다면 무엇 때문에 불안하고 우울한지 그 이유를 글로 써보자. 몇 가지나 적었는가? 생각보다 이유가 많지 않을 것이다. 아마 그렇게 심각하지 않거나 실체가 없는 문제가 대부분일 것이다. 우리가 걱정하는 일은 현재 일어나고 있는 것이 아닌 경우가 많다. 과거에 있었던 일이나 미래에 혹시 일어날지도 모르는 일이 대부분일 것이다. 눈을 똑바로 뜨고 현실을 제대로 바라보라. 사실 아무런 문제도 없다.

현실을 제대로 인식하는 것만으로
심각한 불안이나 우울을 방지할 수 있다.

앨버트 엘리스

생각에
한계를 두지 않는 말

지금까지 존재하는 세상의 한계 안에서 살기를 거부하는 사람들이 새로운 세상을 상상하고 창조해낸다. "안 돼"라는 말은 상상력의 부족이고, 게으름의 증거다. 안 된다고 말하는 순간 한계를 그어버리고 그 안에 갇힌다. "왜 안 돼?"라는 질문 속에 창조의 힘이 들어 있다. 새로운 것을 만들어내는 창의적인 사람들은 다른 사람보다 어떤 문제와 관련해 더 많은 경험을 하거나 자신이 겪은 일에 대해 더 깊게 생각한 사람들이다.

나는 존재한 적이 없는 것들을 꿈꾸며 "왜 안 돼?"라고 말한다.

조지 버나드 쇼

성공과 행복은
나에게서 비롯합니다

세상이나 환경이 변하면 성공할 것이라 생각하는 사람들이 있다. 순진한 착각이다. 성공은 다른 누가 주는 것이 아니다. 스스로 해내는 것이다. 성공은 스스로 성공 지향적으로 변하는 것에서부터 시작된다. 세상을 변화시키겠다는 교만함을 버리고 겸손한 마음으로 스스로 변화하자.

모든 이들이 세상을 변화시키려 생각한다.
하지만 정작 스스로 변하겠다고 생각하는 사람은 없다.

레프 톨스토이

감정에 휘둘리는 것은
스스로를 해치는 일입니다

분노에 휩싸인 사람의 눈은 평소와 다르다. 격렬한 감정의 노예가 되어 길길이 날뛰는 사람은 불쌍하다. 무엇인가에 불만을 표현하는 사람도 마찬가지다. 그들의 주변에는 자신을 해치는 에너지로 가득하다. 공분심, 의분심처럼 올바른 가치를 지키기 위한 분노는 현실을 바로잡는 힘이 될 수 있다. 하지만 사소한 일에 분노하는 것은 그 누구에게도 좋지 않다.

화내거나 불만스러워하는 자는
제물로 바쳐질 때 버둥거리며 비명을 지르는 돼지와 같다고 생각하라.

|

마르쿠스 아우렐리우스

어려움을 즐기는 태도

크고 작은 어려움 앞에서 움츠러드느냐 더 나아가느냐 선택할 수 있다. 성공한 사람들은 하나같이 어려움 앞에서 주눅 들지 않았다. 오히려 더 강한 도전의식을 가졌다. 어려움 앞에서 '왜 이런 일이 나에게 일어나는 걸까' 하며 좌절하지 말자. '점점 더 재미있어지네'라고 생각해보자.

길이 험하면 험할수록 가슴이 뛴다.

|

프리드리히 니체

진짜 아는 사람은
어려운 말을 쓰지 않습니다

알아듣기 힘든 말, 어려운 단어를 쓰지 말자. 어렵게 강의하는 사람은 강의 내용을 제대로 이해하지 못했을 가능성이 높다. 그것이 아니면 스스로 어렵게 이해했기 때문에 쉽게 표현할 방법을 찾지 못한 것이다. 어려운 말을 쓴다고 자신이 높아지는 것은 아니다. 어려운 사실을 더 잘 이해하는 것도 아니다. 이해가 쉽지 않은 것을 쉬운 말로 설명할 수 있는 사람이 진짜로 아는 사람이다.

사람들은 어려운 말을 쓰면
어려운 것을 이해할 수 있다고 생각한다.
|
허먼 멜빌

사람은 신념으로
일어서고 나아갑니다

삶은 사람들 간의 믿음으로 유지되고 발전한다. 아이는 부모에 대한 무한한 믿음이 있기에 그들에게서 모든 것을 배우고 익힌다. 하지만 자식은 언제까지나 부모가 전해준 생각만으로 살아가는 것은 아니다. 생존에 필요한 기본을 익힌 뒤에는 옳다고 믿는 신념을 따르며 자신만의 삶을 만들어간다. 단순한 생존이 아니라 현실을 만들어가는 행동의 원천은 각자의 신념이다.

신념은 행동의 원동력이고, 삶의 구동력이다.
사람을 살아가게 하는 것은 신념이다.
|
프랜시스 켈리

신념은 질문을 통해
스스로 만드는 것

평생을 지켜야 할 신념은 다른 사람을 통해 일방적으로 주입될 수 있는 것이 아니다. 부모의 신념이 아무리 훌륭하고 고상한 것이라고 해도 자녀에게 강요할 수는 없다. 어떤 신념을 가질지는 아이 스스로 선택하고 결정해야 한다. 부모는 그 결정에 도움이 되는 역할을 해주면 된다. 그 방법 중 가장 좋은 것은 '질문'이다. 아이에게 질문하듯 나 자신에게 차근차근 질문하고 답해보면서 무엇이 소중한 것인지, 무엇을 지켜야 하는 것인지 나 스스로 깨닫는 시간을 가져보자.

아이에게 스스로 좋은 신념을 갖도록 돕는 방법 중 하나는 '질문하기'다.

|

레온 페스팅거

지나간 감정을 보내주는 방법

때로는 과거가 족쇄가 되어 발목을 붙잡는다. 과거를 흘려보내고 한 발짝 앞으로 나아가야 하는데, 기억과 감정에 붙들려 그 자리에 머물러 있을 때가 있다. 사실 과거의 사건보다는 그 일을 통해 느낀 감정이 문제다. 기억 속 사건은 기억 속에만 있을 뿐이다. 하지만 사건에서 생겨난 자신의 감정은 우리의 마음속에 살아 있다. 그런 감정은 부정할수록 우리를 잡고 놓아주지 않는다.

과거에서 멀리 떨어질수록,
자신의 인격 형성에 더 가까워진다.

|

이자벨 에버하트

긍정은 마음을 열어주는
열쇠입니다

아무리 성능이 좋은 컴퓨터라도 전원이 들어오지 않으면 무용지물이다. 전원 버튼이 'ON' 상태가 되지 않으면, 작동 가능성만 있지 실제로 활용할 수 없다. 긍정은 우리 안에 잠재되어 있는 능력의 전원을 켜는 스위치와 같다. 부정적인 감정은 우리 마음의 문을 닫아 버리고 외부의 자극을 외면하게 하지만, 긍정적인 감정은 우리의 마음을 열어주고 잠재력을 깨어나게 한다.

긍정은 마음을 열어젖힌다.
긍정적인 감정은 우리의 심장을, 마음을 연다.
수용적이고 창의적이 되도록 한다.

|

바버라 프레드릭슨

골칫거리가 존재하는 이유

게임할 때 아무런 장애가 없다고 생각해보자. 시작할 때부터 무한대에 가까운 능력치의 장비를 모두 보유하고 있다면 지루하지 않을까. 머리를 쥐어짜서 문제를 해결하는 재미도 없고, 레벨을 하나하나 올리면서 느끼는 희열도 없다. 인생이라는 게임에도 해결해야 할 과제가 필요하다. 삶의 여정에서 마주치는 골칫거리들을 하나하나 해결하면서 성숙해간다.

사람들에게는
정신을 날카롭고 단단하게 하는 골칫거리가 필요하다.

|

윌리엄 포크너

구체적인 목표가
꿈을 현실로 만듭니다

'꿈'이라고 하면 막연하다. 꿈을 구체적인 목표로 쪼개서 관리해보자. 가령 파일럿이 꿈이라면 우선 자격 요건을 파악하자. 비행시간 몇 시간 이상, 비행 훈련이 가능한 항공 학교를 가기 위해 필요한 것, 해외에 학교가 있다면 필요한 영어 점수 등을 꼼꼼하게 확인하고 언제까지, 무엇을, 어떻게 해야 할지 구체적인 계획을 짜는 것이다.

꿈은 그저 꿈일 뿐이다.
목표는 계획과 마감시간이 있는 꿈이다.
|
하비 맥케이

사랑은 다른 것을
끌어안는 연습입니다

사랑은 결과가 아니라 과정이다. 마음에 들지 않는 상대의 개성을 허용하고 끌어안는 과정이다. 사랑하는 사람이 부족해 보이거나 단점이 싫을 때가 있다. 하지만 찬찬히 생각해보면 부족한 것이 아니라 다른 것이다. 단점이 아니라 특성이다. 사랑한다면 커다란 그릇이 되어주자. 그 사람을 그저 끌어안아주고 수용해주자.

사랑하는 사람이 부족하더라도 수용하라.
|
존 가트맨

다른 사람의 감정을
헤아릴 줄 알아야 합니다

자기 입장에서만 생각하면 다른 사람의 감정을 헤아릴 수 없다. 남에게 무엇을 시킬 때는 먼저 그것을 자신이 하고 싶을지 깊게 생각해보자. 조금이라도 거리낌이 있다면 시키지 않는 것이 좋다. 사회적인 권력관계에서 충분히 시킬 수 있는 입장이라고 하더라도 말이다. 이런 깊은 생각이 없는 행동은 자칫 '갑질'이 될 수 있다.

자기가 하고 싶지 않은 것은 남에게도 시키지 마라.

|

공자

내 삶의 주인으로
살아가기 위한 마음가짐

자신이 처한 상황을 냉정하게 관찰하고 현실을 있는 그대로 받아들이는 것에서부터 진짜 내 삶은 시작된다. 주어진 환경에서 어떻게 하면 스스로 주인으로 우뚝 설 수 있을지 생각해보자. 어쩔 수 없는 것은 놓아버리고 내가 주인이 될 수 있는 상황을 만들자. 거짓으로 사는 삶은 결국 자신을 무너뜨리고 만다. 어디서나 자기 자신이 되어야 한다.

이르는 곳마다 스스로 주인이 되는 현실을 창조하고,
선 자리가 모두 진실해야 한다.

ㅣ

임제 의현

실패의 이미지는
빨리 지울수록 좋습니다

큰 실수를 할 때가 있다. 그 실패 결과를 곱씹으면서 그곳에 계속 머물러 있으면 발전할 수 없다. 실패 결과에 대해 생각할수록 더욱 더 부정적인 것만 꼬리를 물고 이어지게 된다. 실수를 통해 배우되 최대한 빨리 빠져나오자. 실수에서 배우는 것도 없이 그 결과에만 갇혀 있는 것만큼 어리석은 일은 없다. 이미 벌어진 일은 시간 속에 흘려보내자.

나는 중요한 슛을 놓친 결과에 절대 개의치 않는다.

마이클 조던

행동은
정신의 지문입니다

말과 행동은 모두 정신의 결과물이다. 하지만 차이점도 있다. 말은 하기 쉽고 꾸미기도 쉬우며 그냥 흘려버릴 수도 있다. 반면에 행동은 꾸미기 힘들고 되돌릴 수도 없다. 말로만 사랑한다고 하는 것보다 그 사랑을 행동으로 보여주었을 때 상대방은 더 감동한다. 말보다 행동이 더 영향력이 강하다.

말이 아니라 행동이 나를 대변할 것이다.

존 플레처

비교하는 대상은
과거의 나 자신이어야 합니다

인생은 상대평가가 아니라 절대평가다. 각자의 삶에 주어진 문제와 답은 모두 다르다. 그런데도 사람들은 다른 사람들과 자신을 비교하는 데 너무 많은 시간을 낭비한다. 많은 사람이 내 삶의 과제가 무엇인지도 모른 채 이리저리 휩쓸리다가 나이만 먹어간다. 옆 사람의 인생 시험지를 기웃거리는 데 에너지를 빼앗기지 말고 내 삶의 과제를 해결하는 데 집중하자.

성공은 자신이 하고 있는 일을
다른 사람과 비교하는 데 시간을 낭비하지 않는 사람에게 찾아온다.

|

알프레드 아들러

다른 사람의 생각은
언제나 참고사항입니다

다른 사람의 의견은 언제나 참고할 뿐 결정은 스스로 내려야 한다. 결정권을 절대 다른 사람에게 넘기지 말자. 그것은 내 삶에 대한 예의가 아니다. 오직 자신만의 생각을 생산해내고 그것을 따를 때만 자유롭게 살아갈 수 있다. 강압적으로 자신의 의견을 관철시키려 하는 타인의 어떤 시도도 용납하지 말자.

오직 자기 생각만이 자신에게 영향을 끼칠 수 있다.

|

데이비드 번스

부모의 그늘에서
벗어나야 합니다

부모의 실패에서 벗어나야 한다. 부모가 그들이 이루지 못한 꿈을 은근히 강요한다고 하더라도 그것에 영향을 받지 말아야 한다. 각자의 이야기를 써내려가는 것이 삶이다. 다른 사람의 이야기를 대신 써줄 수는 없다. 설사 그 대상이 부모라 하더라도 마찬가지다. 우리 모두에게는 각자의 꿈이 있다.

부모의 이루지 못한 삶만큼
주변, 특히 그들의 아이들에게 심리적으로 강한 영향을 주는 것은 없다.
|
카를 융

밑그림을 그리듯 꿈을 꾸고
색을 입히듯 행동하는 것

꿈과 행동은 성취를 위한 필수 요소다. 꿈만 꾸고 행동하지 않는 사람은 꿈을 현실화할 수 없다. 행동만 하고 꿈꾸지 않는 사람은 더 이상 새로운 발전이 없다. 꿈은 밑그림을 그리는 것이고 행동은 밑그림에 선명한 색을 입히는 것이다. 멋진 그림을 완성하기 위해서는 두 가지 모두 중요하다. 꿈을 꾸고 그것을 실현하기 위해 행동하자. 어느 정도 꿈이 완성되었으면 다음 단계의 꿈을 꾸자.

위대한 성취를 얻기 위해 행동뿐만 아니라
꿈꾸는 것도 반드시 필요하다.

|

아나톨 프랑스

무의식은 무한한 능력의
원천입니다

우리가 의식하는 것은 전체의 일부에 불과하다. 일상에서 자가용을 운전하거나 자전거를 타는 것과 같이 자동적으로 이루어지는 일은 무의식에 각인되었기 때문이다. 대부분의 일을 의식적으로 행한다고 믿고 있지만, 평소 하는 일 중 가장 잘하는 것은 무의식적으로 이루어진다. 원하는 것을 정확하게 무의식에 새기면 그것이 현실화된다.

지식의 확장은 의식을 무의식으로 바꾸는 것에서 생겨난다.

프리드리히 니체

건강한 욕구는
성장을 위한 동력입니다

누구에게나 무엇인가를 원하는 욕구가 있다. 그 욕구가 사회적으로, 도덕적으로 크게 문제가 되지 않는다면 그것을 억누르거나 죄의식을 가질 필요가 없다. 건강한 욕구라면 꼭 성취하도록 노력해야 한다. 건강한 욕구를 따르는 것이 곧 삶이다. 욕구를 자신의 성장을 위한 동력으로 활용하자. 스스로 동기부여하는 가장 좋은 방법은 자신 안의 욕구를 인정하고 그것을 끌어안는 것이다. 욕구를 활용하자.

모든 욕구와 요구는 '동기부여'가 된다.

|

에이브러햄 매슬로

아이는
부모의 등을 보고 자랍니다

아이가 사람 사이에 관계 맺는 법과 소통하는 방식을 처음으로 배우는 곳은 바로 가정이다. 부부 사이에 소통이 잘되지 않거나 감정처리가 원만하지 않다면, 그 모습을 보고 자라는 아이도 다른 사람과의 관계에서 미숙한 모습을 보일 가능성이 크다. 부부가 다정하게 이야기하고 신뢰의 눈빛을 주고받는 모습을 아이들에게 보여주자. 부부의 행복한 관계가 아이의 행복이다.

당신이 아이에게 줄 수 있는 가장 큰 선물은
부부 사이의 행복한 관계다.

ㅣ

존 가트맨

누구나 선악의
경계에 서 있습니다

인간은 찰흙이나 지점토와 같은 존재다. 처음부터 형태가 정해진 것이 아니다. 우리의 본질은 순수한 가능성이다. 그 가능성에 어떤 정신을 불어넣는지에 따라 다양한 모습으로 표현되는 것이다. 우리가 무엇이 될지, 어떤 행동을 하게 될지 알 수 없다. 그러니 우리는 가장 악한 사람도 가장 선한 사람도 될 수 있고, 악한 행동도 선한 행동도 할 수 있다.

한 인간이 저지르는 어떤 끔찍한 행동도
우리 모두가 저지를 가능성이 있다.

|

필립 짐바르도

좋은 생각은
꼬리를 물고 이어집니다

많은 시간과 에너지를 들여 생각하는 것이 눈앞의 현실로 나타난다. 고민거리가 있으면 그 고민거리에 빠지지 말고 해결할 수 있는 방법을 생각하자. 문제에만 집중하면 앞으로의 걱정 때문에 해결책을 떠올릴 수가 없다. 긍정적인 마음과 좋은 기분을 유지하자. 생각에서 생각이 나온다. 해결책과 가능성에 집중하면 할수록 꼬리에 꼬리를 물고 좋은 생각이 떠오른다.

문제에 집중하면 더 많은 문제가 생긴다.
가능성에 집중하면 더 많은 기회가 생길 것이다.
|
지그 지글러

대화는 서로를
이해하기 위한 것

사람들이 정말 관심 있는 것은 자신의 관점이나 의도를 표현하고 상대로부터 이해받는 것이다. 가장 훌륭한 대화의 기술은 상대의 이런 욕구를 충족시켜주는 것이다. 상대의 말을 내가 정확하게 이해하고 있다는 것을 말해주어야 한다. 그다음에 진짜 대화가 시작된다.

자신의 관점을 말하기 전에
상대가 만족할 때까지 상대의 관점을 말할 수 있어야 한다.

|

존 가트맨

가치관을 정립하는 것이
우선입니다

인간이 가장 두려움을 느끼는 순간 중 하나는 '무엇이 옳은 것인지, 어떻게 살아야 할지 알 수 없을 때'다. 믿을 만한 것이 없을 때, 신념이 흔들릴 때 두려움을 느낀다. 그래서 삶의 가치관 정립은 가장 우선되어야 한다. '이게 맞나, 저게 맞나' 저울질하고, '이것도 좋아 보이고, 저것도 좋아 보여서' 기웃거리면 무엇 하나 이룰 수 없다. 위대한 행동은 '이거다!' 싶은 확신을 가질 때 시작된다.

믿는 자는 강하다. 의심하는 자는 약하다.
강한 신념은 위대한 행동에 앞선다.

|

루이자 메이 올컷

긍정의 힘은
아무리 강조해도 부족하지 않습니다

의식이 열린 사람들은 하나같이 명상을 하면서 자신의 내면과 접속하고 있으며, 인간 감정의 실체에 대해서도 많은 연구가 이루어지고 있다. 긍정적인 생각의 중요성을 인식하고 잠재의식의 힘에 대해서도 깨우쳐야 한다. 100년 뒤 우리 후손들이 '21세기의 사람들은 부정적인 생각으로, 잠재력을 충분히 활용하지 못했다'라고 배우지 않도록 말이다.

만약 당신이 생각의 힘이 강력하다는 것을 깨닫는다면
부정적인 생각은 절대하지 않을 것이다.

|

피스 필그림

11장

비우고 채우면서 내가 되는 것들

경험과 배움을 어떻게 사용할지는
나에게 달려 있습니다

새벽에 맺히는 이슬은 숲속에 사는 모든 생명에게 공평하다. 꽃은 그 이슬을 마시고 꿀을 만들지만, 뱀은 독을 만들어낸다. 똑같이 끔찍한 경험을 하면서도 누군가는 그 경험보다 더 끔찍한 사람이 되어 남을 해치고, 다른 누군가는 그 경험을 통한 배움으로 다른 사람을 돕는다.

비범한 사람은 가장 끔찍한 환경에서 살아남고,
그로 인해 더욱 비범한 사람이 된다.

로버트슨 데이비스

지금의 나는
과거의 결과물입니다

현재 자신의 모습을 긍정하는 것은 권할 만한 일이다. 하지만 과거의 자신을 부정하는 것은 좋지 않다. 과거 자신의 모습을 돌아보면 부끄러운 부분도 있고 자랑스러운 부분도 있다. 부끄러운 부분에 대해서는 반성해야 하지만 자신의 모든 것을 부정할 필요는 없다. 현재의 나는 과거의 결과물이다. 좌충우돌하고 흔들리며 삶을 견뎌낸 내가 바로 지금 여기 있는 나다.

사람들은 때때로 현재 자신에 대해
더 나은 견해를 견지하려고 과거의 자신을 비난한다.

|

대니얼 섁터

목표를 이루는 힘은
말이 아닌 행동에 있습니다

행동하는 사람은 말이 많지 않다. 지나치게 말이 많은 사람은 오히려 행동이 늦다. 머릿속에서 어떤 행동을 해야겠다고 정리되면 바로바로 행동하는 사람이 결과가 좋다. 말은 어눌하게 해도 좋다. 하지만 행동은 누구보다도 민첩하도록 노력하자.

군자는 말은 어눌하게 하더라도, 행동은 민첩하다.

|

공자

전에는 할 수 없던 일도
이루어내는 힘

'나는 할 수 있다', '이 일은 꼭 된다', '이번에는 가능하다'와 같은 긍정적인 생각은 몸과 마음의 에너지를 끌어올린다. 인간의 몸과 마음은 단순히 칼로리만으로는 해석되지 않는 신비한 힘으로 작동한다. 긍정적인 생각을 주문처럼 되뇌면, 전에는 할 수 없었던 일도 할 수 있는 힘이 생긴다. 그렇게 해서 어떤 일에 성공하면 그것이 하나의 경험이 되어 자신감이 생긴다. 그리고 다른 일을 할 수 있는 힘도 배가된다.

부단한 긍정적 사고는 능력을 배가시킨다.
|
콜린 파월

차이를 인정하고
수용해야 합니다

결혼생활을 행복하게 이끌어가려면 먼저 서로 다름을 인정해야 한다. '왜 이렇게 다르냐'라고 아무리 이야기해봐야 소용없다. 상대에게 무엇을 바꾸라고 종용하는 것도 무의미하다. 잠깐 바뀔 수도 있겠지만, 자연스럽지 않은 흐름은 다시 원래대로 돌아오기 마련이다. 그저 서로 다르다는 사실을 받아들이는 것이 현명하다.

행복한 결혼생활을 해나가는 데 중요한 것은
'얼마나 서로 잘 맞느냐'가 아니라,
'어떻게 다른 점을 잘 다루느냐'다.

|

레프 톨스토이

맹목적인 독서를
경계해야 합니다

생각하지 않는 독서는 오히려 독이 될 수 있다. 누구나 스스로 생각
하는 능력이 있다. 독서는 생각하는 능력을 자극하고 기초적인 생
각 재료를 제공하는 정도에서 그쳐야 한다. 스스로 소화할 겨를도
없이 받아들인 지식은 소화불량의 원인이 될 뿐이다. 자신의 생각
없이 남의 생각을 받아들이기만 한다면 남의 말을 그대로 따라 하
는 앵무새와 다를 것이 없다.

어느 정도 나이가 되면 독서는 마음을 창의성으로부터 멀어지게 한다.
너무 많이 읽고 두뇌를 너무 적게 쓰는 사람은 생각을 게을리하게 된다.
|
알베르트 아인슈타인

정말 두려워해야 할 것은
당신의 무지입니다

불과 몇백 년 전 사람들은 바다의 끝에 가면 영원한 심연으로 떨어
질 것이라고 믿었다. 또 중세 시대에는 혼자 사는 여성들을 마녀로
몰아 화형에 처했다. 지금이라면 무식하다고 여겨질 만한 일이고
경악할 만한 일이다. 어쩌면 지금의 어떤 모습을 100년 후 후손들
이 황당해할지도 모른다. 무지(無知)로 단단하게 뿌리내린 고정관
념은 힘이 세다. 이것을 가장 경계해야 한다. 항상 머리를 말랑말랑
하게 유지하자.

당신 자신의 무지를 절대 과소평가하지 마라.

알베르트 아인슈타인

몰입의 즐거움

어떤 일에 몰입하는 그 순간에는 기쁨, 불안함, 두려움 등 모든 감정이 사라진 '제로(0)' 상태가 된다. 하지만 이 상태를 벗어나 일상으로 돌아왔을 때에는 행복감이 밀려온다. 궁극의 평온함을 체험했기 때문이다. 몰입은 비바람과 파도로 혼란스러운 자아를 잊고 생명의 근원과 연결되는 느낌을 준다.

몰입하는 그 순간은 행복하지 않다.
하지만 몰입에 이어 행복감이 찾아온다.
|
미하이 칙센트미하이

타인에게서
나의 결점이 보일 때

우리는 내면에 있는 부정적인 그림자를 상대에게서 발견할 때 불편함을 느낀다. 누군가가 미워 보인다면 그것은 그 사람의 모습에서 자신의 약점이 보이기 때문이다. 내 안에 열등감이 있을 때 그것을 자극하는 상대의 거만한 말투에 격분하게 된다. 지는 것에 대한 두려움이 있을 때 논쟁하려고 달려드는 상대를 혐오하게 된다.

가장 위험한 심리적인 실수는
자기 안의 그림자를 타인에게 덧씌우는 것이다.
이것이 거의 모든 분쟁의 원인이다.

|

카를 융

긍정적인 마음을
지속하는 방법

자기계발서를 읽거나 동기부여가 되는 강의를 듣고 가슴이 뛰다가도 자고 일어나면 다시 제자리에 떨어진 듯할 때가 있다. 아무리 좋은 비전을 마음에 품었더라도 그것이 실제로 이루어지는 데는 시간이 걸린다. 눈앞에 결과가 나타나기 전까지는 이상과 현실, 긍정과 부정, 낙관과 비관 사이를 왔다 갔다 한다. 결과를 얻을 때까지 지속적으로 긍정적인 자극에 자신을 노출하자.

당신의 얼굴을 계속 햇빛으로 향하게 하라.
그러면 그림자를 볼 수 없다.

|

헬렌 켈러

고통은 변화를 위한
신호입니다

고통, 질병, 인간관계, 경제적 어려움 등 나를 괴롭히는 모든 것은 내게 변화가 필요하다는 신호다. 그 신호를 무시하고 지금껏 생각해오던 방식으로 생각하고, 살아오던 방식대로 살아가면 더 거센 신호가 온다. 괴로워만 하지 말고 자신을 냉정하게 진단해보라. 바꿔야 할 습관은 없는지, 몸을 혹사시키고 있지는 않은지, 사람들을 대할 때 거만하지 않았는지, 시간을 낭비하고 있지는 않은지 말이다.

고통이나 질병이 심각하면 할수록 더욱 심각한 변화가 필요하다.

|

피터 맥윌리엄스

'그럴 수도 있다'고 생각하면
실망하지 않습니다

주변 사람에게 "어떻게 네가 나한테 이럴 수 있어?"라고 말하고 싶을 때가 있다. 상대가 예상하지 못한 행동을 하거나, 기대에 한참 어긋나게 행동할 때가 있다. 다른 사람이 항상 내 뜻대로 행동할 것이라고 기대하는 것 자체가 괴로움의 원인이다. 어떤 상황에서라도 '그럴 수도 있지'라고 생각하는 것, 다른 사람에게 그 어떤 기대도 하지 않는 것이 현명하다.

우리를 괴롭히는 것은 타인의 행동이 아니다.
그 행동에 대한 우리의 의견이다.
|
마르쿠스 아우렐리우스

거짓을 가려내는 방법

사람들은 기본적으로 다른 사람을 신뢰한다. 자신이 만나는 대부분의 사람을 믿을 수 있다고 생각해야 생활이 가능하기 때문이다. 하지만 누군가는 치명적인 거짓말을 한다. 거짓말을 파악하고 싶으면 상대의 행동을 관찰하고, 상대의 눈을 지그시 바라보자. 평소와 다른 말과 행동을 보이거나, 불필요하게 신체를 가리거나, 말수가 많아지거나, 화제를 돌리려 한다면, 십중팔구 거짓말을 하고 있는 것이다.

누구도 거짓말을 파악하는 방법을 모르기 때문에
대부분의 거짓말이 성공한다.

|

폴 에크만

내가 믿는 가치를
저버리지 말아야 합니다

사람 사이의 관계는 중요하다. 예의 바르고 배려 깊은 사람은 자잘한 일로 다른 사람과의 관계가 어긋나지 않도록 신경 쓴다. '중국집이냐 순대국집이냐'와 같은 단순한 문제로 굳이 날을 세우지 않고 상대에게 맞춘다. 하지만 신념을 침범하는 문제에 대해서는 단호해야 한다. 올바르지 않은 신념을 강요하려는 어떤 시도도 용납해서는 안 된다. 상대의 기분이 상할까봐, 분란이 생길까봐 내가 믿는 가치를 부정하지 말아야 한다.

가장 깊은 신념에서 나온 'No'는 남의 기분을 맞추기 위한
혹은 문제를 피하기 위한 'Yes'보다 낫다.

|

마하트마 간디

끊임없이 갈망하는 태도가
탁월함의 요건입니다

미켈란젤로는 이미 20대에 〈바쿠스〉〈로마의 피에타〉〈다비드〉 등의 작품으로 천재라는 명성을 얻었다. 하지만 그는 교만해지지 않고 죽을 때까지 예술혼을 불태웠다. 그 결과, 〈천지창조〉〈최후의 심판〉과 같은 대작을 유산으로 남겼다. 이미 성취한 것은 잊자. 끊임없는 갈망이 우리를 탁월함으로 이끈다.

이룬 것보다 항상 더 많이 갈망하게 하소서.

미켈란젤로

실수를 통해 배울 뿐
거기에 매이지 않습니다

실수는 그 자체로 크게 해가 되지 않는다. 하지만 실수를 계속 품고 가면 자신에게 해롭다. 실수의 기억과 그 기억에서 유발되는 부정적인 감정들을 내려놓지 않으면, 그것에 매여 다른 일을 하는 데 쓸 기운이 줄줄 샌다. 경험 자체는 어떤 의미도, 효용도 없다. 경험을 어떻게 해석하고 자신을 위해 활용하는지에 따라 독이 되기도 하고 과실이 될 수도 있다.

우리는 실수를 후회하고, 실수를 통해 배워야 한다.
하지만 그것을 미래로 가지고 가선 안 된다.

|

루시 모드 몽고메리

사람의 정신은
무한한 잠재력을 지니고 있습니다

인간의 의식은 피부 밖을 벗어나기 힘들다. 육체를 자신이라고 굳게 믿고 있기 때문이다. 대부분의 사람들은 '나'라고 하면 거울 속에 보이는 '키 얼마, 몸무게 얼마, 나이 몇 살'이라는 자신의 신체를 떠올리기 마련이다. 의식을 육체에 한정하는 것은 삶이 우리에게 준 독방감금형인지도 모른다. 우리의 몸은 비록 작고 보잘것없을지 몰라도 정신은 우주만큼 광활하고 한계가 없다.

인간은 모두 자신의 피부 안에 독방감금형을 받는다.
죽을 때까지.
|
테네시 윌리엄스

분노는 어떤 문제도
해결하지 못합니다

화가 난 상태에서 어떤 말을 내뱉거나 행동하면 후회할 일만 늘어난다. 분노를 표출할 때 만족감을 느끼기도 하지만, 그 이후에 자책감, 허무함, 후회가 밀려올 수 있다. 분노의 표현은 어떤 문제도 해결하지 못한다. 오히려 문제를 더 키우고, 없던 문제를 만들 수도 있다. 화가 났을 때는 냉정을 되찾을 때까지 아무것도 하지 말자.

화가 날 때는 결과를 생각하라.
|
공자

수영을 배우려면
물에 뛰어들어야 합니다

하고 싶지 않은 일을 해야만 하는 상황이 왔을 때, 마음속에서 끝까지 저항하면 1분 1초가 괴롭다. '기왕 하게 된 일 최대한 집중해서 빨리 끝내자' 하고 흔쾌히 상황을 받아들이면 일을 더 빨리 끝낼 수 있다. 싫은 일을 하면 시간이 더디다. 발가락만 물에 담갔다 뺐다 해서는 수영을 배우기 힘들다. 제대로 하려면 처음부터 물에 뛰어드는 것이 낫다.

흔쾌히 하려고 하면 곤란함은 작아진다.

니콜로 마키아벨리

가장 편한 사람에게
대하는 태도가 본심입니다

인간은 사람들과의 관계로 얽혀 있다. 좋든 싫든 그 관계를 통해 권력 구조가 만들어진다. 가족, 학교, 직장 등 수많은 공동체에서 일정한 역할을 학습한다. 수직적인 관계에서는 때때로 그 역할에 걸맞은 가면을 쓰고 자신의 생각을 정확하게 표현하지 못하기도 한다. 하지만 수평적인 관계에서는 종종 가면이 벗겨진다. 편한 사람을 어떻게 대하는지 관찰하면 그 사람의 생각을 읽을 수 있는 이유다.

한 사람이 어떤 생각을 하고 있는지 알기 위해서는
그가 자신의 동료들에게 어떤 태도를 취하는지 관찰하면 된다.

알프레드 아들러

외부와 내면,
모두를 바라볼 수 있어야 합니다

세상에 대한 이해를 넓히고 식견을 갖추면 꿈꿀 수 있다. 세상을 공부하는 것은 분명히 가치 있는 일이지만 외부에 있는 아무리 좋은 것을 좇는다고 하더라도 자기 자신을 이해하지 못하면 공허하다. 눈에 보이는 목표를 달성하는 것과 함께 내면의 탐구를 게을리해선 안 된다. 인간에 대한 이해, 나 자신에 대한 이해가 근본이다.

외부에 눈길을 주는 사람은 꿈을 꾸지만,
자신의 내면을 바라보는 사람은 깨어난다.

|

카를 융

삶을 사랑하는
사람을 곁에 두어야 하는 이유

인간에게는 고유한 파장이 있다. 그 파장은 그의 의식과 감정에서
비롯되는 것이다. 마치 꽃에서 은은하게 향기가 나는 것처럼 한 사
람의 파장은 잔잔하게 주변에 퍼져나간다. 삶에 대해 불안함이 있
다면 삶을 진정으로 즐기고 사랑하는 사람을 찾아 그를 곁에 두자.
그러면 나도 모르게 그 사람의 생각에 스며들어 삶을 즐기게 될 것
이다.

사랑에는 전염성이 있다.
삶을 사랑하는 사람과 함께 있으면 당신도 삶을 사랑하게 된다.
|
에리히 프롬

삶이라는 무대에서
다양한 역할을 맡는 것

성격은 변한다. 조용하고 얌전하던 사람이 아이 셋을 낳아 기르면서 카리스마 넘치는 엄마가 되기도 하고, 사람들과 대화할 때 눈도 잘 못 마주치던 사람이 강사로 활동하면서 사람들을 웃겼다 울렸다 할 수도 있다. 자신의 역할과 위치에 따라서 성격은 변할 수 있다. 나는 이런 성격의 사람이야라고 자신을 하나의 틀로 규정짓지 말자.

성격은 돌에 새겨진 것처럼 고정된 것이 아니라
역동적으로 변화하는 것이다.

ㅣ

레오나르드 믈로디노프

매일 지속한 습관이
내 인생을 바꿉니다

탁월함은 습관에서 만들어진다. 한 번 좋은 행동을 했다고 해서 탁
월하다고 할 수는 없다. 습관은 실을 한 올 한 올 엮는 것과 비슷하
다. 하루, 일주일, 한 달, 1년, 10년 지속된 습관은 무엇으로도 끊어
지지 않는다. 새벽에 일찍 일어나 명상하거나 운동하기, 감사와 사
랑을 담아 일기 쓰기 등의 습관을 유지해보자.

우리가 반복적으로 행하는 것이 자신이다.
탁월함은 행동이 아닌 습관이다.
|
아리스토텔레스

정신적 가치를 높일 때
성공에 닿을 수 있습니다

진짜 성공은 경제적인 풍요로움이나 명예 속에 있지 않다. 아무리 사회적으로, 경제적으로 성공한 사람이라고 하더라도 자신의 가치를 발견하지 못하면 실패한 사람이다. 자신의 가치를 발견하지 못한 사람은 스스로를 함부로 대한다. 가진 것을 자기 자신과 동일시하기 때문에 베풀지 못하고 움켜쥐려고만 한다.

성공한 사람보다는 가치 있는 사람이 되어라.

|

알베르트 아인슈타인

관점을 바꾸려면
마음을 열어야 합니다

세상을 바라보는 관점은 쉽게 바꾸기 어렵다. 우리가 처음 태어나 의지할 만한 대상은 부모다. 부모의 말과 행동, 가치관은 우리의 정신세계를 압도한다. 자라면서 겪는 수많은 경험을 통해 그 관념 중 일부는 강화되고, 일부는 제거된다. 하지만 한번 굳어져버린 관점은 쉽게 바뀌지 않는다. 열린 마음과 말랑말랑한 두뇌를 가지고자 노력하자.

폭탄은 제거할 수 있지만,
마음속의 편견은 쉽사리 제거할 수 없다.
|
고든 올포트

성공에 도취되어 있으면
발전할 수 없습니다

자신에 대한 눈높이는 꾸준히 높여가야 한다. 물론 '그 정도면 잘했어', '이 정도만 해도 대단한 거야'라는 말이 필요할 때가 있다. 의욕이 떨어진 자신을 위로할 때는 응원이 필요하다. 하지만 어떤 분야에서 탁월함을 성취하기 위해서는 때때로 자신에게 냉정하고 가혹해져야 한다. 현재의 성공은 칭찬받아야 하지만, 그것에만 도취되어 있으면 더 이상의 발전이 없다.

성공에 대한 도취가 이성을 압도하는 순간
몰락이 찾아온다.

짐 콜린스

내게 뿌리박혀 있는 인식을
점검해봐야 합니다

무의식은 현실을 끌어당기고 경험을 창조한다. 무의식은 의식에서 비롯된다. 어릴 때 '돈은 나쁜 거야'라는 관념을 의식 속에 받아들였다면, 그것은 무의식 속에 뿌리 깊이 박혀 경제적인 풍요에서 멀어지는 현실을 만들어낸다. 자신의 무의식 속에 어떤 고정관념이 있는지 알아내고 그것을 의식적으로 바꿔준다면, 현실은 다른 모습으로 바뀔 수 있다.

무의식을 의식으로 밝혀주고 표현해줄 때,
우리의 무의식은 우리를 보다 좋은 삶의 방향으로 이끌어줄 것이다.
|
카를 융

행복하게 오래 사는 법

부정적인 감정과 스트레스는 사람을 빨리 늙게 한다. 삶을 오랫동안 행복하게 즐기는 방법은 아주 간단하다. 좋은 것은 끌어당겨 가까이하고, 좋지 않은 것은 멀리하는 것이다. 좋은 것이란 지금 가진 것과 상황에 감사하는 마음, 모든 사람을 형제와 같이 사랑하는 마음, 웃는 얼굴이다. 나쁜 것은 자신의 처지를 한탄하며 다른 사람을 탓하는 것, 스트레스, 욕설, 심각한 표정이다. 그리고 긍정적인 사람을 가까이하고 부정적인 사람을 멀리하자.

행복하게 장수하는 비결은 스트레스를 멀리하는 것이다.
당신이 가진 것에 감사하라. 부정적인 사람을 멀리하라.
항상 미소 지어라.

포자 싱

12장

인생의 페이지를 행복으로 채워간다

지금 이 순간이
전부입니다

'과거'라고 하면 보통 '후회'라는 단어가 함께 생각난다. 많은 사람이 과거를 아름답게 추억하기보다는 후회하지 않는가. 지나간 일에 대한 후회를 흘려보내는 방법은 '지금 이 순간'에 깨어 있는 것이다. 본래 마음은 파란 하늘이고 잡념과 걱정은 먹구름이다. 현재에 전적으로 깨어 살아 있으면 먹구름 위의 파란 하늘을 볼 수 있을 것이다.

현재 순간의 힘은 너무나 엄청나다. 현재에 전적으로 살아 있다면,
모든 과거의 실수와 후회를 영원히 파괴할 수 있다.

|

버논 하워드

언제나
더 나아질 수 있습니다

우리는 언제나 현재보다 나아질 수 있다. 자신이 항상 모든 정보를 다 알고 있는 것은 아니며, 누군가가 더 좋은 방법을 알고 있음을 받아들이자. 현재 자기만의 방식에 갇혀 있으면 더 개선된 방법을 받아들일 수 없다. 열린 마음으로 더 좋은 해결책을 찾다 보면 다른 사람의 경험을 참고해서 자신만의 독특한 방법을 만들어낼 수도 있다. 어떤 마음을 갖고 현재를 살아가느냐에 따라 미래는 달라진다.

현재 추구하는 방법보다 더 좋은 방법이 항상 있을 수 있다는
열린 마음을 가져라.
그리고 더 좋은 방법을 끊임없이 찾도록 하라.
|
브라이언 트레이시

할 수 있는 일에
전념하면 됩니다

자신이 통제할 수 있는 것과 그렇지 않은 것을 구분할 줄 아는 사람은 현명하다. 자신이 풀어가야 할 문제를 정확하게 정의할 수 있기 때문이다. 삶을 꽃피울 수 있는 최고의 황금기는 누군가가 우리를 도와줄 때가 아니다. 오히려 스스로 자신의 문제를 정의하고 해결할 수 있을 때다. 내 통제권 밖의 일에는 신경 쓰지 말고 지금 내가 할 수 있는 일에 집중하자.

그대가 할 수 있는 일, 바로 그 일에 전념하라.

|

에픽테토스

어떤 마음가짐으로 살아갔는가
그것을 배워야 합니다

위대한 사람에 대해 이러쿵저러쿵 떠드는 것은 자신에게 별로 도움되는 일이 아니다. 하지만 그에게서 무언가 배울 점을 찾아내는 것은 좋다. 특히 어떤 마음으로 살았는지, 평생 어떤 신념을 가졌는지, 어떤 희망을 품었는지, 고난을 어떤 마음으로 극복했는지, 두려움을 어떻게 이겨내고 용기를 냈는지 분석해보자. 위대한 것은 결코 어느 날 갑자기 이루어지지 않는다. 인내심을 갖고 스스로 위대해지기 위해 꾸준히 노력하자.

위인이나 그들이 어떠해야 한다는 논쟁으로 시간을 낭비하지 말라.
스스로 위대한 사람이 돼라.
|
마르쿠스 아우렐리우스

태도의 차이가
곧 삶의 차이입니다

재능은 어떤 일을 하는 데 필요한 재주와 능력이다. 할 수 있는 가능성을 말해주는 것일 뿐, 결과를 보장해주지는 않는다. 태도는 일이나 처한 상황을 대하는 마음가짐이다. 재능이 조금 부족하더라도 긍정적이고 적극적인 태도를 가진 사람이 크게 성공한다. 아무리 뛰어난 재능이 있더라도 눈앞에 닥친 문제를 회피하거나 금세 무너져 버리는 사람은 어떤 일도 해낼 수 없다.

재능보다 태도가 중요하다.
|
말콤 글래드웰

내가 끊임없이 대화해야 할 상대는
바로 '나'입니다

하워드 가드너는 다중지능이론에서 인간의 지능이 8가지 영역(언어, 논리 수학, 공간, 신체 운동, 음악, 대인 관계, 자기이해, 자연탐구)으로 이루어져 있다고 주장했다. 다양한 지능이 상호작용하면서 삶의 여러 드라마를 만들어낸다. 성공하고 행복한 삶을 사는 사람들은 공통적으로 자기이해 지능이 높다. 종종 '나는 누구인가?', '어떻게 살아야 하는가?', '진정 내가 원하는 것은 무엇인가?'와 같은 질문을 자신에게 던져보자.

자신과 더 이상 대화하지 않을 때 종말이 온다.
그것은 진실한 사고의 죽음이며 마지막 외로움의 시작이다.

|

에드워드 기번

내가 아는 것을 실천해야
비로소 지성이 됩니다

무언가를 그저 알기만 하는 것을 '지성'이라 할 수 없다. 앎이 행동으로 나타날 때 '지성'이라고 이름 붙일 수 있다. '앎'이 '삶'이 되는 것이 지성이다. 옳은 것, 아는 것을 행동으로 옮기기 위해서는 의지가 필요하다. 게으름을 이겨내는 힘, 두려움보다 더 큰 확신, 개인적인 욕망을 뒤로하고 행동하는 실천력, 반대 의견에 저항하는 의지를 통해 앎은 지성이 된다.

의지와 지성은 하나이고 동일한 것이다.

|

스피노자

실패는
방법을 찾아가는 과정입니다

실패는 그 자체로 하나의 사건일 뿐이다. 도전을 멈추는 그 순간 실패한다. 성공할 때까지 도전한다면 실패는 실패가 아니다. 지금껏 누구도 성공하지 못한 분야라면 인간의 능력으로는 도저히 어쩔 수 없는 것일 수도 있다. 하지만 누군가 해낸 일이라면 당신도 할 수 있다. 잘못된 방법을 버리고 새로운 방법으로 다시 도전하면 이루어진다.

실패는 잘못된 방법을 알게 되는 기회다.
그러므로 곧바로 다른 방법을 찾아 다시 도전하면 된다.
|
사이토 히토리

신념을 행동으로 옮기는 것의
가치

믿음을 말로만 떠드는 것은 누구나 할 수 있다. 술자리에서 정의롭지 않거나 용기 없는 사람은 없다. 현실에서 신념대로 행동하는 것은 쉽지 않다. 그렇게 하려면 당장 손해를 감수해야 하거나 다른 사람들에게 손가락질을 받는 경우도 있기 때문이다. 그럼에도 자신의 신념을 행동으로 옮기는 것이 정말로 훌륭하고 가치 있는 것이다.

신념은 행동으로 옮기기 전까지
결코 훌륭하거나 가치 있는 것이 아니다.

|

토머스 칼라일

꼭 해야 하는 말인지
생각해야 합니다

사람들은 말을 통해 자신의 존재감을 드러내려고 한다. 특히 남이
모르는 정보를 전달하는 것은 일종의 권력으로 작용한다. 사람들의
관심과 인정을 받을 수 있기 때문이다. 검증하지 않은 남의 말을 그
대로 전달하는 것은 인정욕구에서 기인한다. 말하기 전 일단 정지
하고 생각하면 실수를 줄일 수 있다.

인간에게 혀를 다스리는 일보다 어려운 일은 없다.

스피노자

부정적인 감정일수록
잘 처리해야 합니다

부정적인 감정은 그 감정을 유발한 상황이 끝났다고 해서 없어지지 않는다. 그 감정을 알아봐주고 말로 표현하고 인정해야 한다. 그렇지 않으면 웅크리고 있다가 비슷한 감정의 파동을 타고 다시 나타난다. 부정적인 감정을 잘 처리하지 못하면 일상이 지옥으로 변할 수 있다. 상처받은 부정적인 감정은 종종 폭력으로 이어지기 때문이다.

좌절은 폭력의 유모다.

|

데이빗 아브라함센

그 어떤 감정에도
흔들리지 않는다는 것

격한 감정, 특히 부정적인 감정은 한순간에 자신의 통제권을 앗아간다. 감정의 에너지는 엄청나게 강하다. 격렬하게 화내거나 펑펑 울고 나면 기운이 쏙 빠져버린다. 외부의 상황이나 환경은 어떻게할 수 없지만 자기 자신만큼은 통제할 수 있다. 그런데 격한 감정은 이마저도 빼앗아간다.

욕망, 분노, 좌절이 당신을 지배할 때
당신은 자신에 대한 통제권을 잃는다.

|

프레데릭 렌즈

감사하는 마음이
좋은 결과를 만듭니다

올바른 결과를 얻기는 힘들다. 일은 기쁜 마음으로 해야 한다. '왜 나에게는 이런 일만 들어오는 거야' 하고 불평하면서 일하는 한 그 수준을 벗어나기 어렵다. 반면에 '이 일을 할 수 있어 너무 감사하다'라는 마음을 먹으면 그 일을 즐길 수 있다.

기쁘게 평화롭게 일하라.
올바른 생각과 노력은
반드시 올바른 결과를 가져온다는 것을 명심하라.

ㅣ

제임스 앨런

간절하게 원하는 마음이
두려움을 이깁니다

강하게 원해야 두려움을 이길 수 있다. 지금 내게 없는 것을 얻고
자 한다면 새로운 일에 도전해야 한다. 낯선 것은 두렵다. 이 두려
움을 이기는 힘은 강렬한 욕구다. 욕구는 그 자체로 나쁜 것이 아니
다. 도덕적으로 문제되거나 다른 사람에게 피해주지 않는다면 욕
구는 강할수록 좋다. 사람은 죽을 때 갖고 있는 모든 것을 내려놓지
만, 살아 있는 동안은 무엇인가를 원하고 끌어당겨야 하는 존재다.
간절하게 원하는 마음이 없다면 그 자리를 두려움이 대체한다.

욕구가 죽음을 맞이하면 두려움이 태어난다.

발타자르 그라시안

두려움을 직면하는 것에서부터
성장이 시작됩니다

우리는 두려움을 직면하기보다는 회피하려고 한다. 그렇게 외면당한 두려움은 내면에 똬리를 틀고 들어앉아 무의식적으로 우리의 행동을 지배한다. 비난받는 것에 예민하게 반응하는 사람은 무시당하는 것이 두려운 것이다. 두려움에 휘둘리면 항상 그 자리에 머무를 뿐이다. 무엇을 두려워하는지 정확하게 정의하고 원인을 숙고해보자.

가장 두려워하는 것을 찾아라.
그것이 다음 단계로 성장하는 시작점이다.

|

카를 융

교류를 통해
새로운 생각을 얻을 수 있습니다

생각은 항상 자유로워야 한다. 자신만의 견해는 다양한 사고방식을 가진 사람들과의 교류를 통해 나온다. 비슷한 생각을 하는 사람들 끼리 있으면 논쟁할 일이 없다. 익숙함 속에서는 새로운 것이 나올 수 없다. 낯선 생각을 만나야 한다. 다른 것은 결코 나쁜 것이 아니다. 낯선 생각 속에 자신을 노출시키는 방법은 많은 책을 읽고 다양한 사람을 만나는 것이다.

젊은이를 타락시키는 가장 확실한 방법은 다르게 생각하는 사람 대신
같은 사고방식을 가진 이를 존경하도록 지시하는 것이다.

|

프리드리히 니체

서로를 온전히
이해할 수 있는 관계

초등학교, 중학교, 고등학교, 직장, 동호회 등 단순히 같은 단체에 몸담은 것만으로 친구가 되지는 않는다. 두 사람이 친구가 되려면 서로 이해하는 시간이 필요하다. 친구는 많은 말을 하지 않아도 서로를 온전히 이해할 수 있는 사람이다. 몇 개월 만에 연락해도 바로 어제 만났던 것처럼 편하게 이야기 나눌 수 있는 사람이다. 때로는 가족보다 더 가까운 관계가 친구다. 건강한 관계는 우정에서부터 시작한다.

속마음을 나눌 수 있는 친구만이
인생의 역경을 헤쳐나갈 수 있는 힘을 준다.

|

발타자르 그라시안

나의 세상을
희망으로 채워야 합니다

단테는 그의 대표작 『신곡』에서 자신을 주인공으로 지옥과 연옥 그리고 천국을 여행하는 모습을 그렸다. 『신곡』의 지옥문에는 모든 희망을 버리라는 말이 쓰여 있다. 연옥에서도 지옥과 마찬가지로 벌을 받지만, 연옥에서의 벌은 죄를 씻는 과정이다. 이 과정을 통해 천국으로 올라갈 수 있는 희망이 있다. 하지만 지옥에서의 벌은 희망이 없다. 그저 무한히 반복될 뿐이다. 희망 없는 곳이 곧 지옥이다. 당신의 세상을 무엇으로 만들지는 자신에게 달려 있다.

여기 들어오는 너희는 온갖 희망을 버릴지어다.

단테 알리기에리

평범한 사람이 행하는
위대한 도전

도전 앞에서 도망치는 사람은 좀 더 큰 사람이 될 수 있는 기회를 발로 차버리는 것이다. 버마 민주화 운동의 상징인 아웅산 수치는 40여 년을 평범한 가정주부로, 학자로 살았다. 하지만 국부인 아버지 아웅산을 받드는 국민들의 기대에 부응해, 쿠데타로 정권을 장악한 군부에 대항하는 민주화 운동에 뛰어들었다. 그녀가 운명적인 도전에서 도망쳤다면, 오늘날 버마의 민주화 운동은 없었을지도 모른다.

이 세상에 위대한 사람이란 없다.
평범한 사람들이 일어나 맞서는 위대한 도전이 있을 뿐이다.

윌리엄 프레데릭 홀시

후회 속에 머물지 말고
앞으로를 생각해야 합니다

영화나 드라마를 보면 "지은 죄 잊지 말고 평생 죗값 치러"라는 식의 대사가 나온다. 이것은 다른 사람에게 할 수 있는 최악의 저주다. 과거의 실수와 잘못을 잊지 않고 곱씹으면서 하루하루 살아가는 것은 사는 것이 아니라 죽어가는 것이다. 물론 잘못한 일을 그냥 넘어가서는 안 된다. 그것에 대해 스스로 후회하고, 다른 사람에게 사죄하고, 죄를 씻는 시간이 필요하지만 그 기억 속에서 헤어나오지 못하는 것은 비극이다.

후회와 실수, 그것들은 만들어진 기억이다.
|
아델

부정적인 생각은
몸에도 영향을 줍니다

몸과 정신은 연결되어 있다. 좋은 아이디어가 떠오르지 않을 때는 방 안에만 가만히 있지 말고 몸을 움직여보자. 가까운 공원을 산책하거나 조깅을 하면서 맑은 공기를 마시면 문득 좋은 생각이 떠오를 것이다. 부정적인 생각을 자주 하면 몸이 스트레스를 받는다. 건강을 위해서라도 긍정적인 생각을 하도록 노력하자.

행복한 생각이 건강한 몸을 창조하는 것을 돕는다.

|

루이스 헤이

고독은
내면으로의 안내자

정신없이 하루 일정을 마치고 파김치가 되어 잠드는 일상이 이어지면 자신의 삶을 살고 있지 않다는 느낌이 든다. 생각이 외부로만 향해 있으면 내면을 들여다볼 시간이 없다. 자신의 내면을 살피지 않으면 진짜 자아가 보내는 신호를 알아차리지 못한다. 속에서 아무리 소리쳐도 들을 수 없다. 고독은 우리를 내면으로 인도하는 안내자이며, 신비의 문을 여는 열쇠다. 고독함 속에서 자신을 고요히 바라보고 자신에게 조용히 말을 건네보자.

고독은 운명이 인간을 각자 자신의 내면으로 안내하려
노력하는 방법이다.
|
헤르만 헤세

한 사람의 신념이
바로 그 사람입니다

'사람은 죽어서 이름을 남긴다'라는 말이 있다. 한 사람의 이름은 그의 말과 행동, 업적, 혹은 사상 등에 따라 후세에 전해진다. 기업을 일으켜 세우거나, 책을 쓰거나, 기부를 많이 하거나, 한 분야에서 탁월한 업적을 남기는 것 등은 모두 그 사람의 신념에 따른 결과다. 자신의 소명을 무엇으로 정의했는가에 따라 삶의 족적은 달라진다.

당신은 당신 자신의 신념에 따라 판단될 것이다.

ǀ

덱스터 킹

간절한 만큼
얻을 수 있습니다

적당히 원하면 적당히 얻고, 간절히 원하면 완전하게 얻을 수 있다.
'간절하다'는 '더없이 정성스럽고 지극하다'라는 의미다. 우주는 간
절함을 바탕으로 존재한다. 부모는 지극정성으로 자식을 키우고 대
자연은 따뜻한 햇살, 영양이 풍부한 대지, 적절한 비바람으로 수많
은 생명을 길러낸다. 소원과 내가 완전히 하나 될 정도로 간절하다
면 무엇이든 얻을 수 있는 것이 자연의 이치다.

더 이상 할 수 없을 만큼 간절하다면,
당신은 원하는 것을 무엇이든 얻을 수 있다.
|
에이브러햄 링컨

감정을 내려놓는 습관

감정은 거대한 호수에서 일어나는 물결과 같은 것이다. 물결은 크게 일어났다가 잠잠해지기를 반복한다. 아무리 물결이 출렁거려도 호수의 깊은 곳은 고요하다. 내 마음은 본래 고요한 것이다. 격하게 일어나는 감정에만 집중하면 그것에 에너지를 빼앗기고 본래 마음을 보지 못한다. 두려움이라는 부정적인 감정을 내려놓고 언제나 사랑을 선택하자.

분노, 상처, 고통을 붙잡지 마라.
그 감정들은 당신의 에너지를 빼앗고 사랑에서 멀어지게 한다.

레오 버스카글리아

나를 고립시키는 자존심은
쓸모가 없습니다

인류 최초의 서사시로 전해지는 호메로스의 『일리아스』는 아킬레우스의 분노에 대한 이야기다. 10년간 계속된 그리스 연합군과 트로이의 전쟁 속에서 그리스 장군 아킬레우스는 총사령관 아가멤논의 비합리적인 요구에 불복해 크게 분노한다. 처음에는 많은 사람이 그의 분노에 공감한다. 하지만 그리스 군이 전투에서 계속 고전을 면치 못하고 있는데도 출전하지 않자, 그리스인들은 그에게서 멀어진다. 그가 분노한 이유는 전리품으로 얻은 여사제를 아가멤논이 가로챘기 때문이다.

자존심은 오전에는 풍요, 오후에는 가난,
밤에는 악명과 함께 한다.

|

벤자민 프랭클린

긍정은 전염성이 강합니다

아무리 혼자 긍정적인 생각을 하려고 해도 주변에 부정적인 말을 늘어놓는 사람으로 가득하다면 긍정적인 상태를 유지하기 어렵다. 적극적으로 긍정의 에너지를 나눌 수 있는 사람들을 찾아 그들과 어울리자. 부에 대해 긍정적인 생각을 가진 사람들을 곁에 두면 부자가 될 수 있고, 건강한 사람들과 함께하면 더 건강해질 수 있다.

긍정적인 생각을 가진 사람들의 리스트를 만들어라.
그들과 교제하고 이야기하고 듣고 배워라.
그러면 긍정적인 힘이 길러진다.

노먼 빈센트 필

자신을 궁지로
몰아넣어 본다

자신의 한계를 극복하고 싶다면 어떤 일을 하지 않으면 안 되도록 자신을 궁지로 몰아넣어 보자. 예를 들어 올해 책을 한 권 쓰고 싶다면 '6개월 안에 책을 한 권 쓸 것이다'라고 주변 사람들에게 선포해보자. 활동하는 SNS도 올리고, 가족, 지인들에게 말해보자. 자신을 궁지로 몰아넣으면 집중력을 높이고 잠재력을 발휘할 수 있다.

자신을 실험하는 용기를 가져야 한다.

|

세르반테스

고통은 우리를
성장으로 이끕니다

질병으로 시한부 선고를 받은 사람들의 반응은 비슷한 양상을 보인다고 한다. 첫 반응은 '부정'이다. 자신에게 그런 일이 일어날 리가 없다고 여기며 사실을 부정한다. 그 감정은 '분노'다. 여러 병원을 다니면서 비슷한 결과를 듣고 나면 억지로 받아들일 수밖에 없다. 인정한 후에야 비로소 '수용'의 단계로 넘어간다. 그때부터 그의 정신은 성숙의 길로 접어든다. 비로소 죽음을 준비할 수 있는 것이다.

고통을 받아들일 때,
고통은 그대를 성장으로 이끌 것이다.

생텍쥐페리

비범한 삶은
위험을 회피하지 않습니다

기회는 늘 위험과 함께한다. 위험을 피하면 기회가 없다. 때로는 높은 목표를 잡아서 실패하는 것이 낮은 목표를 설정하고 성공하는 것보다 낫다. 비범한 업적을 이루는 많은 사람이 상식을 뛰어넘는 목표를 설정한다. 그들은 위험한 삶을 즐긴다. 위험 속에 기회가 있다는 것을 알기 때문이다.

존재에서 위대한 성과와 최대한의 기쁨을 수확하는 비밀은
위험한 삶을 사는 데 있다.

|

프리드리히 니체

하루의 시작은
긍정으로 열어야 합니다

사소하더라도 긍정적인 생각을 하도록 노력하고, 아무리 작더라도 부정적인 생각을 하지 않도록 주의하자. 이것이 행복의 법칙이다. 아침에 눈뜨며 '오늘도 행복한 하루가 시작되었다' 하고 하루를 맞이하는 사람은 그날을 충만하게 채운다. 성공한 사람들은 모두 희망과 긍정으로 하루를 연다. 오늘 할 일에 대한 기대로 가슴이 뛰고, 누구를 만나 어떤 말을 할지 기대에 차 일어난다.

아침에 하는 사소한 긍정적인 생각이 당신의 하루를 바꿀 수 있다.
|
달라이 라마

인생에서
더 많은 것을 얻으려는 태도

성취는 욕구에서 시작된다. 누군가 포르쉐를 타고 있는 것을 보고 한 사람은 '나도 갖고 싶다'라는 욕구로 그에게 비법을 물어본다. 다른 한 사람은 '나와는 상관없는 일'이라고 자신의 현실에서 밀어내 버린다. 누가 인생에서 더 많은 것을 얻을 수 있겠는가? 욕구를 줄이면 좋지 않겠냐고 생각할 수도 있겠지만, 작은 목표마저 소극적인 태도로 임한다면 성취하는 것이 거의 없을 것이다.

모든 성취의 시작점은 욕구다.

|

나폴레온 힐

이 책의 표지에는 마포 브랜드 서체에서 배포한 'Mapo 금빛나루', 'Mapo 꽃섬'체를
사용하였습니다.

매일 읽는 한 줄
마음챙김 365

초판 발행   2025년 3월 10일

지은이   임성훈
펴낸곳   다른상상
등록번호   제399-2018-000014호
전화   02)3661-5964
팩스   02)6008-5964
전자우편   darunsangsang@naver.com
ISBN   979 - 11 - 93808 - 25 - 2 03190

독자 여러분의 책에 관한 아이디어나 원고 투고를 설레는 마음으로 기다리고 있습니다.
이메일로 간단한 개요와 취지, 연락처를 보내주세요. 독자님과 함께하겠습니다.

365

마음챙김

매일 읽는 좋은 글